"十四五"职业教育国家规划教材

汽车车身电气设备检修
（第2版）

主　编　田永江　孟范辉
副主编　弓建海

北京理工大学出版社
BEIJING INSTITUTE OF TECHNOLOGY PRESS

内 容 简 介

本书根据汽车类专业教学标准及从事汽车职业的在岗人员对基础知识、基本技能和基本素质的需求，结合汽车专业人才培养的目的，重点介绍汽车电气基础，汽车仪表、照明及信号系统，汽车辅助电器，汽车安全气囊，汽车车载网络系统和常用车系电路图识读方法等内容。

全书讲解清晰、简练，配有大量的图片，明了直观。本书按照汽车维修作业项目的实际工艺过程，结合目前职业院校流行的模块化教学的实际需求，理论联系实际，重视理论，突出实操。

本书适合作为职业院校汽车专业教材，也可作为汽车售后服务站专业技术人员的培训教材。

版权专有　侵权必究

图书在版编目（CIP）数据

汽车车身电气设备检修 / 田永江，孟范辉主编 . —2 版 . —北京：北京理工大学出版社，2023.7 重印

ISBN 978-7-5682-7765-5

Ⅰ．①汽…　Ⅱ．①田…②孟…　Ⅲ．①汽车 – 电气设备 – 车辆修理 – 教材　Ⅳ．① U472.41

中国版本图书馆 CIP 数据核字（2019）第 238805 号

出版发行 / 北京理工大学出版社有限责任公司	
社　　址 / 北京市海淀区中关村南大街 5 号	
邮　　编 /100081	
电　　话 /（010）68914775（总编室）	
（010）82562903（教材售后服务热线）	
（010）68944723（其他图书服务热线）	
网　　址 / http：//www.bitpress.com.cn	
经　　销 / 全国各地新华书店	
印　　刷 / 定州启航印刷有限公司	
开　　本 /787 毫米 ×1092 毫米　1/16	责任编辑 / 多海鹏
印　　张 /11	文案编辑 / 孟祥雪
字　　数 /278 千字	责任校对 / 周瑞红
版　　次 /2023 年 7 月第 2 版第 5 次印刷	责任印制 / 边心超
定　　价 /44.90 元	

图书出现印装质量问题，请拨打售后服务热线，本社负责调换

前言 preface

　　党的二十大报告提出："建成世界最大的高速铁路网、高速公路网，机场港口、水利、能源、信息等基础设施建设取得重大成就。"截至2022年3月，我国汽车保有量已经突破了3.07亿辆。随着我国汽车工业的发展和汽车保有量的不断增长，汽车上传统的各种机械装置已经或者即将被电子装置所取代，电气维修人员需求量不断增多。同时电子设备发展日新月异，汽车电子设备集成化、小型化速度也越来越快，对于维修人员的综合素质要求也逐年提升。

　　党的二十大报告提出："办好人民满意的教育。教育是国之大计、党之大计。培养什么人、怎样培养人、为谁培养人是教育的根本问题。育人的根本在于立德。全面贯彻党的教育方针，落实立德树人根本任务，培养德智体美劳全面发展的社会主义建设者和接班人。"为深入贯彻党的二十大精神，落实《国务院关于加快发展现代职业教育的决定》部署，为职业教育教学提供更加坚强有力的支撑，积极推进课程改革和教材建设，使之适应经济发展、产业升级和技术进步，满足交通运输业科学发展的需要，回归"尺寸课本、国之大者"的教材本质。北京理工大学出版社特邀请一批知名行业专家、学者以及一线骨干教师，按照"专业设置与产业企业岗位需求对接、课程内容与职业标准对接、教学过程与生产过程对接"的"三对接"要求，出版了该套图解版汽车职业教育系列教材。

　　本教材全面贯彻党的教育方针，落实立德树人根本任务，以培养德智体美劳全面发展的社会主义建设者和接班人为最终目标。针对职业教育的特点和规律，紧紧围绕高素质技能型人才的培养目标，以能力为本位，以工作过程为导向，以职业活动为主线，以任务为驱动，引入全新的任务驱动式教学模式。本教材结构合理、层次清晰，将车身电气系统的构造原理与其检修知识和技能进行了有机结合，并且在介绍车身电气各个系统构造时插入大量结构图与实物图，更加有利于学生认知和学习，同时，车身电气各系统检修与诊断采用"实物检修流程"图，将知识与技能融合进行二维转化，便于学生理解，降低故障诊断与检修知识与技能点的传授难度。

本教材基于汽车维修行业的现状，对传统的学科教学进行了改革，利用项目教学法，结合汽车维修工作过程，将传统学科教学方法转变为结合汽车维修实际工作任务的教学，有效地提高了学生自主学习能力，改善了教学效果。

本教材主要介绍车身电气中各个系统的组成、结构，并详细介绍了各个车身电气系统的控制原理及控制电路。其中课题二、三、四对各个车身电气系统常见的故障进行了原因分析、排除思路及排除方法的介绍。

本教材在内容编写上具有以下特点：

1. 教材设计符合职业教育理念。本教材以就业为导向，强化文化基础教育和技术技能培养，符合高素质中、初级汽车专业使用人才培养需求。

2. 设置案例任务引领。每一个任务都有来源于岗位实际工作案例导入，学习任务贴近生产实际，便于学生产生学习共鸣，激发学习兴趣，学习目标明确，从而在学习时做到心中有数。

3. 教材组织架构循序渐进。根据职业院校学生身心发展规律及在日常学习中对于接受知识和理解知识的思维习惯，对汽车车身电气各大系统的任务实例进行系统化的讲解和演示。

4. 教材内容实用简练。内容与生产标准对接，介绍大量企业的典型故障的维修案例，文字简练、脉络清晰、版式新颖，理论阐述言简意赅，遵循"必需""够用"原则，在保证知识体系相对完整的同时，做到知识技能传授实用和生动。

5. 线上线下资源一体化。由上海景格科技股份有限公司和长沙市博信教育科技有限公司匹配大量的视频教学资源，教材内容与线上教学资源（教案、教学课件、视频）一体化。通过以上要素有机结合，优化教学效果，打造高效课堂。

在编写过程中，参考和借鉴了大量的相关书籍。但因作者水平有限，编写时间仓促，书中难免存在错误和不足之处，敬请各位读者批评指正。

编　者

目录 CONTENTS

课题一　汽车电气基础 ······ 1
　任务一　汽车电气发展 ······ 2
　任务二　汽车电气概述 ······ 3
　任务三　汽车电气常见故障诊断 ······ 16
　任务四　汽车电气故障诊断方法 ······ 19

课题二　汽车仪表、照明及信号系统 ······ 23
　任务一　仪表系统 ······ 24
　任务二　照明系统 ······ 34
　任务三　信号系统 ······ 40

课题三　汽车辅助电气 ······ 47
　任务一　汽车电动刮水器与风窗清洗器 ······ 48
　任务二　电动车窗与滑动天窗 ······ 55
　任务三　电动后视镜 ······ 67
　任务四　电动座椅 ······ 70
　任务五　门锁及中控系统 ······ 77
　任务六　汽车音响 ······ 85

课题四　汽车安全气囊 ······ 91
　任务一　安全气囊系统的功用与类型 ······ 92
　任务二　安全气囊系统的组成结构与工作原理 ······ 94

课题五　汽车网络技术基础 ··· 106

　　任务一　网络的基本概念 ··· 107
　　任务二　CAN 网络和 LIN 网络 ······································ 112
　　任务三　CAN 网络信号的测量 ······································· 123

课题六　常见车系电路图识读方法 ·· 145

　　任务一　大众、奥迪汽车电路图的识读 ···························· 146
　　任务二　奔驰汽车电路图的识读 ···································· 152
　　任务三　宝马汽车电路图的识读 ···································· 155
　　任务四　通用汽车电路图的识读 ···································· 157
　　任务五　丰田汽车电路图的识读 ···································· 163

参考文献 ··· 170

课题一
汽车电气基础

● **学习任务**

1. 熟悉电气系统各组成部件的结构与工作原理。
2. 掌握电气常见故障的诊断方法。
3. 掌握一般电阻、电容、电感、二极管、三极管的识别方法。

● **技能要求**

1. 学会及掌握常见故障类型和诊断方法。
2. 学会常用工具的使用及掌握诊断过程中的注意事项。

认识车身电气系统

任务一 汽车电气发展

经过近百年的发展，汽车电气成为汽车越来越重要的组成部分。其结构是否合理、性能是否优良、技术状况是否正常，对汽车的动力性、经济性、安全性、可靠性、舒适性和排放水平有着非常重要的影响。例如，为使汽车发动机获得最好的经济性，需要点火系统在最适当的时间点火；为使发动机可靠起动，需要装备电源系统和起动系统；为了保证汽车安全行驶，需要装备照明系统、信号系统、信息显示与报警系统、风挡玻璃刮水与洗涤系统；为了便于查找和排除汽车电气故障，需要装备熔断丝、易熔线和故障自诊断系统；为了提高汽车的动力性，需要装备发动机燃油喷射系统、进气控制系统、增压控制系统、汽油发动机电控单元（电脑）控制点火系统和爆燃控制系统；为了提高汽车的经济性和排放性，需要装备空燃比反馈控制系统、燃油蒸气回收系统和废气再循环控制系统；为了提高乘坐汽车的舒适性，需要装备汽车空调系统、悬架调节系统和座椅控制系统；为了提高汽车行驶的安全性，需要装备防抱死制动系统、安全气囊系统、座椅安全带控制系统、雷达车距控制系统和倒车防撞警报系统等。

随着汽车结构的改进与性能的不断提高，汽车上装备的传统电气面临着巨大的冲击。近年来，伴随电子工业的发展，电子技术在汽车上的应用越来越广，车用电子装置的新产品不断涌现，特别是大规模集成电路及微型处理机的应用，大大推动了汽车工业的发展，同时也给汽车的控制装置带来了巨大的变革。当前，电子技术在解决汽车面临的油耗、安全、排放等问题方面起着重要作用。如电子控制汽油喷射装置和电子点火装置的应用不仅可节油5%～10%，同时对排气净化亦十分有利；电子控制防抱死制动装置的应用不但可使汽车在泥泞路面上高速行驶，而且紧急制动时可防止侧滑，保证汽车安全制动。此外，在实现操纵自动化和提高舒适性等方面也离不开电气与电子设备的应用。可见，随着汽车工业和电子工业的高速发展，汽车上装用的电气与电子设备的数量会与日俱增，起的作用也将越来越重要。

1885年，德国的波徐对马库斯的点火装置略加改良后，开始生产低压电磁点火器。这是最早的电气设备。

1912年，美国的查尔斯凯特林发明了第一个可供使用的蓄电池供电的汽车起动机。随着汽车的广泛使用和性能的提高，出现了照明、信号等装置。

19世纪60年代，通用公司戴顿工程实验室分部宣布了重新利用电子线路的无触点点火装置。同时，通用公司第一个在民用汽车上应用了交流发电机。

1973年，美国三大汽车公司全面使用无触点点火系统。

从20世纪60年代开始，研究和应用汽车电气系统大致可分为三个阶段：

（1）1965—1975年，汽车电子产品由分立元件和集成电路组成。

（2）1975—1985年，主要发展专用的独立系统，如电子控制汽油喷射系统、制动防抱死装置等。

（3）1985—1995年，主要开发和完善各种功能的综合系统以及各种车辆整体系统的集成。

一、汽车电气的组成与特点

1. 汽车电气的组成

汽车电气由电源系统和用电设备两部分组成。电源系统也称为充电系统,由蓄电池、发电机、调节器及工作情况装置组成。用电设备包括启动系统、点火系统、仪表系统、照明与信号系统、辅助装置及其他装置。

(1) 启动系统

启动系统由起动机、启动继电器、启动开关及启动保护装置组成。

(2) 点火系统

点火系统由分电器、电子点火控制器、点火线圈、火花塞及点火开关组成。

(3) 仪表系统

仪表系统由仪表指示表、传感器、各种报警器及控制器组成。

(4) 照明与信号系统

照明与信号系统由前照灯、雾灯、示宽灯、转向灯、制动灯、倒车灯等及其控制继电器和开关组成。

(5) 辅助装置

辅助装置由各种辅助电气及其控制继电器和开关组成。

(6) 其他装置

其他装置由发动机电子控制系统、汽车空调系统和汽车音响系统等组成。

2. 汽车电气的特点

（1）低电压

汽车一般采用 12 V 电压，部分大功率柴油机采油 24 V 电压。低电压由于电功率较小，所以不能适应汽车用电设备日益增多的要求。酝酿中的汽车电系电压标准是 42 V/14 V 电压体系。有些汽车电控系统的电脑电源使用＋5 V 电源。

（2）直流

采用直流电主要是从蓄电池的充电角度考虑的。因为蓄电池充电时必须用直流电，所以汽车电气使用的是直流电。

（3）单线制、负极搭铁

电源和所有用电设备的负极均搭铁，车架车身、发动机体便成为一条公共的地线。

单线连接是汽车线路的特殊性。现代汽车上所有电气设备的正极均用导线连接。该导线通常称为"火线"；而所有的负极则与车身金属相连，称之为"搭铁"。任何一个电路中的电流都是从电源的正极出发经导线流入用电设备后，由电气设备自身或负极导线搭铁，通过车架或车身流回电源负极形成回路。部分要求比较高的线路也采用双线连接方式，如发电机与调节器之间的连接。

负极搭铁通过蓄电池的负极直接与机体连接。负极搭铁对车架或车身的化学腐蚀较轻，对无线电干扰较小。

（4）并联制

所有低压用电设备均采用并联方式连接，受有关装置控制，电压相同。电气设备间均为并联开关，熔断丝均串联在电源和相应的用电设备之间。电流表串联在供电汽车电路上。电气仪表与其传感器之间是串联关系。

二、汽车电气系统基本元件与器件

1. 电阻

电阻是利用金属与非金属材料制成的便于安装的电路元件。电路元件的电阻值大小一般与温度、材料、长度，还有横截面面积有关。衡量电阻受温度影响大小的物理量是温度系数，其定义为：温度每升高 1℃时电阻值发生变化的百分数。电阻的主要物理特征是变电能为热能，也可以说它是一个耗能元件，因为电流经过它就产生内能。电阻在电路中通常起分压、分流的作用。交流信号与直流信号都可以通过电阻。

（1）电阻的种类

常见的电阻种类有很多，按其结构形式可分为固定电阻、可变电阻和电位器三种；按其制造材料可分为碳膜电阻、金属膜电阻、金属氧化膜电阻、贴片电阻（见图1-1）等；按其功能可分为负载电阻、采样电阻、分流电阻、保护电阻等。

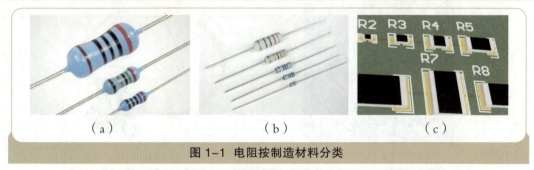

图1-1 电阻按制造材料分类

（a）碳膜电阻；（b）金属氧化膜电阻；（c）贴片电阻

（2）电阻的标称值与允许误差

大多数电阻上都标有电阻的数值，这就是电阻的标称阻值，简称标称值。电阻的标称值往往和它的实际阻值不完全相同。电阻的实际阻值与其标称值的偏差，除以标称值所得到的百分比，叫作电阻的误差。电阻器的实际阻值对于标称值的最大允许偏差范围称为允许误差。误差代码有F、G、J、K等，常见的误差范围是0.01%、0.05%、0.10%、0.50%、0.25%、1.00%、2.00%、5.00%等，如图1-2所示。

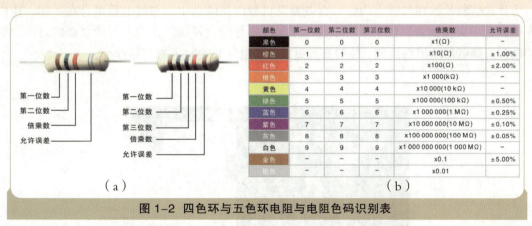

图1-2 四色环与五色环电阻与电阻色码识别表

（a）四色环与五色环电阻；（b）电阻色码识别表

2. 保险装置

保险装置的作用是保护电路（线路）及用电设备不因短路、过载故障而过热损坏，甚至起火。例如易熔线和保险丝。

汽车电路中保险丝的认知

(1) 易熔线

易熔线一般安装在蓄电池正极接线柱上。如图1-3所示，易熔线可分为两种：管式易熔线和线式易熔线。线式易熔线比较常见。易熔线主要用来保护电源和大电流线路，如：充电易熔线、点火开关电源易熔线。显然易熔丝可以通过100~200 A的大电流，但是绝对不允许换用比规定容量大的易熔线。当易熔线熔断时，要仔细查找原因，彻底排除故障。

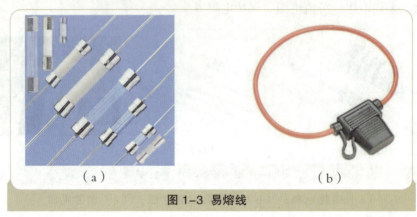

图1-3 易熔线

（a）管式易熔线；（b）线式易熔线

在正常的维修中，如果易熔线熔断后找到故障点并排除后，无相同规格的易熔线，可以暂时用同容量的熔断丝或导线串联在电路中代替，购买符合要求的易熔线后应及时更换。

(2) 熔断丝（插片式）

插片式熔断丝装在驾驶室内保险盒或发动机舱内保险盒中，与继电器组合在一起，构成了全车电路的中央接线盒。图1-4所示为汽车驾驶室保险盒及保险盒盖，保险盒盖的对应位置标有熔断丝及继电器的识别标识，使检查及更换这些电气装置时更加容易查找。

图1-4 汽车驾驶室保险盒及保险盒盖

保险盒中的每个熔断丝都有颜色，且标有规格容量值，这是由于全车各个用电设备的功率不同，消耗的电流不同。熔断丝分为如图1-5所示的几类，可以按颜色来判别：绿色为30 A、白色为25 A、黄色为20 A、蓝色为15 A、红色为10 A、棕色为7.5 A或5 A。

图1-5 插片式熔断丝

熔断丝的检查一般可以通过观察其外观，也可以用万用表或试灯来进行，若发现损坏或熔断，则必须更换相同容量的熔断丝。

检查及更换熔断丝的要求如下：

①熔断丝熔断后，必须找到故障原因，并彻底排除故障。
②更换熔断丝时，一定要与原规格相同，特别注意：不能使用比原规格容量大的熔断丝。汽车上增加用电设备时，不能随意改用容量大的熔断丝，应另外加装熔断丝。
③熔断丝支架接触不良会产生电压降和发热现象。因此，特别要注意检查有无氧化物产生。若有，则必须用细砂纸打磨光，使其接触良好。
④如果新保险丝又立刻熔断，则说明电路系统中可能存在故障，应尽快检查。

3. 继电器

继电器是自动控制电路中常用的一种元件，是利用电磁感应原理以较小的电流来控制较大电流的自动开关，在电路中起着自动操作、自动调节、安全保护等作用。汽车电气系统中所使用的继电器体积较小，触点控制的电流也较小，属于小型继电器。图1-6所示为汽车上雨刮的继电器和供电继电器。

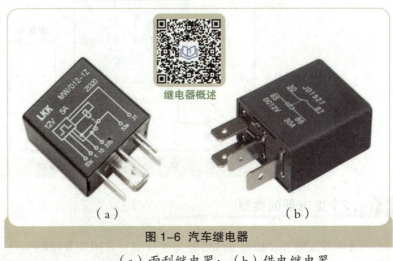

图1-6 汽车继电器

（a）雨刮继电器；（b）供电继电器

(1) 电磁继电器的工作原理

汽车上广泛使用电磁继电器,这种继电器一般由铁芯、线圈、衔铁、触点簧片等组成。打开外壳后的电磁继电器如图 1-7 所示。

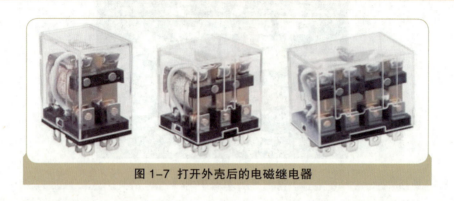

图 1-7 打开外壳后的电磁继电器

下面用电路图来说明继电器的工作原理,如图 1-8 所示。若一个由电源、开关及灯泡组成的电路设备要求用强电流直接接线,则开关及接线都要有承受此强电流的能力,可使用一开关利用弱电流去接通和断开一继电器,然后由后者通过的大电流去接通或断开灯泡。

① 当开关闭合时,电流经过触点 1 及 2 使线圈激磁,线圈的磁力吸引触点 3 和 4 之间的活动触点,结果触点 3、4 接通并使电流流向灯泡。
② 当开关断开时,线圈断电,线圈的磁力也随之消失,活动触点就会在弹簧的反作用力下返回原来的位置,使动触点与原来的静触点释放。

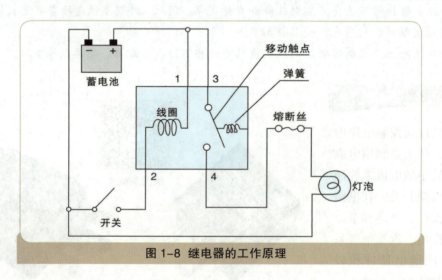

图 1-8 继电器的工作原理

(2) 继电器的类型

继电器按断开及接通方式可分为常开型、常闭型及枢纽型三种类型。

1) 常开型

如图1-9（a）和（b）所示，这一类型的继电器不工作时是开路的，只有在其线圈受激时才闭合。

2) 常闭型

如图1-9（c）所示，这种类型继电器的触点不工作时是闭合的，只有在其线圈受激时才断开。

3) 枢纽型

如图1-9（d）所示，这种类型的继电器在两个触点之间切换，由线圈受激状态决定。

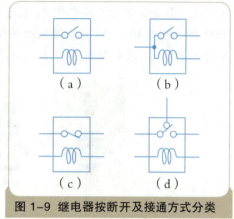

图1-9 继电器按断开及接通方式分类

（a）,（b）常开型；
（c）常闭型；（d）枢纽型

（3）继电器在汽车上的典型应用

汽车上许多电气元件需要用开关进行控制。汽车电气系统电压较低，具有一定功率的电气元件工作电流较大，一般在几十安以上，这样大的电流如果直接用开关或按键进行通断控制，开关或按键的触点将因为无法承受大电流的通过而烧毁。汽车上常用的继电器有：供电（30、15号电）继电器、启动继电器、喇叭继电器、闪光继电器、刮水继电器等。

图1-10所示为大众汽车上的15供电继电器。当继电器线圈通电工作时，触点30与触点87闭合。

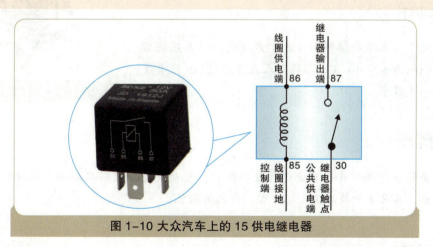

图1-10 大众汽车上的15供电继电器

4. 灯泡

汽车上的灯泡多种多样，我们首先要认识它们，并且知道它们有什么作用。下面简单介绍下汽车中常见的灯泡。

（1）外部照明灯

1）前照灯

前照灯俗称"大灯"，装在汽车头部两侧，用来照明车前道路。前照灯有两灯制、四灯制之分。四灯制前照灯并排安装时，装于外侧的一对灯应为近光灯，装于内侧的一对灯应为远光灯。远光灯一般为 40～60 W，近光灯一般为 35～55 W。如图 1-11 所示，常用的大灯灯泡有 H4 卤素灯泡、H7 卤素灯泡、H1 氙气灯泡。

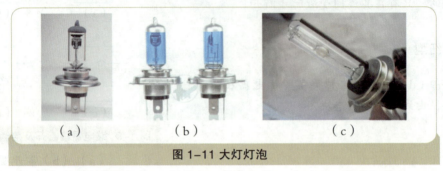

图 1-11 大灯灯泡

（a）H4 卤素灯泡；（b）H7 卤素灯泡；（c）H1 氙气灯泡

2）雾灯

雾灯（见图 1-12）安装在汽车头部或尾部。在雾天、雪天、暴雨或尘埃弥漫等情况下，用来改善车前道路的照明情况。前雾灯功率为 45～55 W，光色为橙黄色。后雾灯功率为 21 W 或 6 W，光色为红色，以警示尾随车辆保持安全间距。

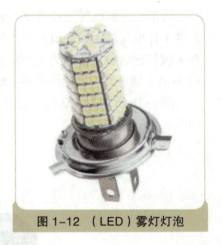

图 1-12 （LED）雾灯灯泡

3）牌照灯

牌照灯装于汽车尾部牌照上方或左右两侧，用来照明后牌照，功率一般为 5～10 W，确保行人在车后 20 m 处看清牌照上的文字及数字。

4）倒车灯

倒车灯安装在汽车尾部，当变速器挂倒挡时，自动发亮，照明车后侧，同时警示后方车辆行人注意安全。其功率一般为 20～25 W，光色为白色。

5）制动灯

制动灯俗称"刹车灯"（见图 1-13），安装在汽车尾部，在踩下制动踏板时，发出较强红光，以示制动。其功率为 20～25 W，光色为红色，灯罩显示面积较后示位灯大。为避免尾随大型车对轿车碰撞的危险，轿车后窗内可加装由发光二极管成排显示的高位制动灯。

图 1-13 制动灯灯泡

6) 转向灯

主转向灯一般安装在汽车头部、尾部的左右两侧,用来指示车辆行驶趋向。汽车车侧中间装有侧转向灯。主转向灯功率一般为 20～25 W,侧转向灯功率为 5 W。在紧急遇险状况需其他车辆注意避让时,全部转向灯可通过危险报警灯开关接通同时闪烁。转向灯灯泡如图 1-14 所示。

图 1-14 转向灯灯泡

7) 示位灯

示位灯又称"示宽灯""位置灯",安装在汽车前面、后面和侧面,夜间行驶接前照灯时,示位灯、仪表照明灯和牌照灯同时发亮,以标志车辆的形位等。其功率一般为 5～20 W。前位灯俗称"小灯",光色为白色或黄色;后位灯俗称"尾灯",光色为红色;侧位灯光色为琥珀色。

8) 驻车灯

驻车灯装于车头和车尾两侧,要求从车前和车尾 150 m 远处能确认灯光信号,要求车前处光色为白色,车尾处光色为红色。夜间驻车时,将驻车灯接通,标志车辆形位。

(2) 内部照明灯

常见内部照明灯有顶灯、阅读灯、行李厢灯、门灯、踏步灯、仪表照明灯、报警灯及指示灯等。图 1-15 所示为不同类型的仪表照明指示灯和阅读灯。

图 1-15 不同类型的仪表照明指示灯和阅读灯

1）顶灯

轿车及载货车一般仅设一只顶灯，除用作车室内照明外，还可兼起监视车门是否可靠关闭的作用。在监视车门状态下，只要还有车门未可靠关紧，顶灯就发亮。顶灯功率一般为 5～15 W。

2）阅读灯

阅读灯装于乘员席前部或顶部。聚光时乘员看书不会让驾驶员产生炫目的感觉。阅读灯照明范围较小，有的还有光轴方向调节机构。

3）行李厢灯

行李厢灯装于轿车或客车行李厢内，当开启行李厢盖时，灯自动发亮，照亮行李厢内空间。其功率一般为 5 W。

4）门灯

门灯装于轿车外张式车门内侧底部，开启车门时，门灯发亮，以警示后来行人、车辆注意避让。其功率为 5 W，光色为红色。

5）踏步灯

踏步灯装在大中型客车乘员门内的台阶上，夜间开启乘员门时，可照亮踏板。

6）仪表照明灯

仪表照明灯装在仪表板背面，用来照明仪表指针及刻度板，功率为 2 W。仪表照明灯一般与示位灯、牌照灯并联。有些汽车仪表照明灯的发光强度可调节。

7) 报警灯及指示灯

常见的报警灯和指示灯有机油压力报警灯、水温过高报警灯、充电指示灯、转向指示灯、远光指示灯等。报警灯一般为红色、黄色，指示灯一般为绿色或蓝色。

5. 导线与线束

汽车用导线有高压导线和低压导线两种，二者均采用铜质多芯软线。

（1）低压导线

1）导线的截面积

导线的截面积主要根据其工作电流选择，但是对于一些工作电流较小的电气设备来说，为保证一定的机械强度，汽车电气中导线截面积不得小于 0.5 mm^2。各种低压导线标称截面积所允许的负载电流值如表 1-1 所示。

表 1-1 低压导线标称截面积允许负载电流值

导线标称截面积 /mm^2	1.0	1.5	2.5	3.0	4.0	6.0	10.0	13.0
允许电流值 /A	11	14	20	22	25	35	50	60

所谓标称截面积，是指经过换算而统一规定的线芯截面积，不是实际线芯的几何面积，也不是各股线芯几何面积之和。

汽车 12 V 电系主要线路导线标称截面积推荐值如表 1-2 所示。

表 1-2 12 V 电系主要线路导线标称截面积推荐值

标称截面积 /mm^2	用途
0.5	尾灯、顶灯、指示灯、仪表灯、牌照灯、刮水器、时钟、燃油表、水温表、油压表等电路
0.8	转向灯、制动灯、停车灯、断电器等电路
1.0	前照灯、电喇叭（3 A 以下）电路
1.5	前照灯、电喇叭（3 A 以上）电路
1.5 ~ 4.0	其他 5 A 以上电路
4.0 ~ 6.0	柴油车电热塞电路
6.0 ~ 25.0	电源电路
16.0 ~ 95.0	起动电路

2）导线颜色

各国汽车厂商在电路图上大多以英文字母来表示导线外皮的颜色及其条纹的颜色。国产车系一般用 1 个字母表示一种颜色。日本车系常用 1 个字母表示，个别用 2 个字母，其中后一位是小写字母。美国车系常用 2 ~ 3 个字母表示一种颜色，如果导线上有条纹，则要书写较多字母。德国（如大众、奥迪）车系通常用 2 个字母表示一种颜色。也有的厂商如斯堪尼亚汽车（创立于 1891 年，以重卡、大型巴士为主）导线采用数字代号表示颜色。各国车系的导线颜色代号如表 1-3 所示。

表 1-3　汽车用导线颜色代号

中	英	美	日	本田、现代	德	奥地利	法	奥迪4、5、6缸	帕萨特	奔驰	宝马
黑	B	Black	BLK	B	BLK	SW	B	BL	SW	BK	BK	SW
白	W	White	WHT	W	WHT	WS	C	W	WS	WT	WT	WS
红	R	Red	RED	R	RED	RT	A	R	RO	RD	RD	RT
绿	G	Green	GRN	G	GRN	GN	F	GN	GN	GN	GN	GN
深绿		Dark Green	DK GRN							DKGN		
淡绿		Light Green	LT GRN	Lg	LT GRN					LTGN		
黄	Y	Yellow	YEL	Y	YEL		D	Y	GE	YL	YL	GE
蓝	Bl	Blue	BLU	L	BLU	BL	I	BU	BL	BU	BU	BL
淡蓝		Light Blue	LT BLU	Sb	LT BLU		K			LT BU		
深蓝		Dark Blue	DK BLU							DKBU		
粉红	P	Pink	PNK	P	PNK		N			PK	PK	RS
紫	V	Violet	PPL	Pu	PUB	VI	G	VI	LI	PL(YI)	VI	VI
橙	O	Orange	ORN	Or	ORN					OG		OR
灰	Gr	Grey	GRY	Gr	GRY			G	GR	GY	GY	GR
棕	Br	Brown	BRN	Br	BRN	BK	L		BR	BN	BR	BR
棕褐		Tan	TAN					Br		TN		
无色		Clear	CLR							CR		

为了容易区别导线颜色，常采用黑、白、红、绿、黄、蓝、灰、棕、紫色；其次为粉红、橙、棕褐；再次为深蓝、浅蓝、深绿、浅绿。

为便于安装和检修，汽车采用双色导线，主色为基础色，辅色为环绕布置在导线上的条色带或螺旋色带，且标注时主色在前，辅色在后。在图 1-16 所示的大众桑塔纳 3000 局部电路中，白/黑双色线的主色为白色，放在前面；黑色为辅色，放在后面。同理，红/黄双色线也是如此。

以双色为基础选用时，各用电系统的电源线为单色，其余为双色。

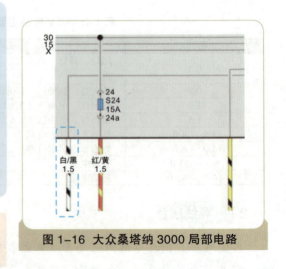

图 1-16　大众桑塔纳 3000 局部电路

（2）高压导线

在汽车点火线圈或点火模块至火花塞之间的电路使用高压点火线，简称高压线。高压点火线每缸一根，分为普通铜芯高压线及高压阻尼点火线。带阻尼的高压线可抑制和衰减点火系统产生的高频电磁波，降低对无线电设备及电控装置的干扰。图1-17所示为四缸发动机上的高压点火阻尼线。

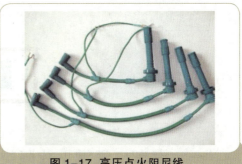

图1-17 高压点火阻尼线

（3）汽车线束

在现代汽车上，汽车线束特别多，全车线束包括发动机线束、仪表架线束、车身线束、安全气囊线束等。电子控制系统与线束有着密切关系，如果把微机、传感器与执行元件的功能用人体来比喻，可以说微机相当于人脑，传感器相当于感觉器官，执行元件相当于运动器官，线束则是人体的经络和血管。

为使全车线路规整、安装方便及保护导线的绝缘，汽车上的全车线路除高压线、蓄电池电缆和起动机电缆外，一般将同区域的不同规格的导线用棉纱或薄聚氯乙烯塑料带缠绕包裹成束，称为线束。图1-18所示为汽车前照灯线束实物和发动机线束。

图1-18 汽车前照灯线束和发动机线束实物

任务三 汽车电气常见故障诊断

一、汽车电气常见故障类型

汽车电气的故障总体上可分为两种类型：一种是电气本身的故障；另一种是控制电路的故障。

1. 电气的故障

电气故障是指电气自身丧失其原有机能，包括电气的机械损坏、烧毁，电子元件的击穿、老化、性能减退等。在使用中常常因电路故障造成电气故障。

2. 控制电路的故障

控制电路故障包括短路、断路、接触不良等。电路故障有时容易出现一些假象，给故障诊断带来困难。例如，某搭铁线与车身出现接触不良，可能造成多个电器失控或出现混乱。这是因为有的搭铁多为几个电器共用，一旦该搭铁线出现接触不良，就会造成一个或多个电器工作异常。

二、汽车电气故障诊断常用工具

汽车电路的认知

1. 跨接线

跨接线是一种专用导线。不同形式的跨接线主要是其长短和两端接头不同，如图1-19所示。跨接线两端的接头一般是不同形式的插头或鳄鱼夹，以适应对不同位置的跨接。

跨接线主要用于电路故障诊断。当某个电气元件不工作时，可用跨接线将被检元件的搭铁端子直接搭铁；若电气元件工作恢复正常，则说明该元件搭铁电路有故障。同理，若用跨接线将蓄电池正极跨接到被检元件电源端子上，电气元件工作恢复正常，则说明该电源电路有故障。

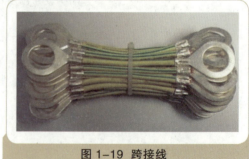

图1-19 跨接线

使用跨接线应注意以下两点：

① 当用跨接线将蓄电池正极跨接到被检电气元件的电源端子上时，必须弄清被检元件规定电源电压值。若将12 V电源直接加在电气元件上，则可能导致电气元件损坏。

② 不要用跨接线将被检元件电源端子直接搭铁，以免导致电源短路。

2. 测试灯（测电笔）

测试灯实际就是带导线的电笔，主要用来检查电气元件电路的通断。测试灯带有显示电路通断的指示灯，对电路进行检测时，根据指示灯的亮度还可判断被测电路的电压高低。测试灯分为不带电源测试灯（12 V 测试灯）和自带电源测试灯两种类型。

（1）不带电源测试灯（12 V 测试灯）

如图 1-20 所示，不带电源测试灯以汽车电源作为电源，由 12 V 测试灯、导线和各种不同的端头组成，主要用来检查系统内电源电路是否给电气各部件供电，举例如下。

① 将 12 V 测试灯一端搭铁，另一端接电气部件电源插头。如果灯亮，则说明该电气部件电路无故障。

② 如果灯不亮，则将 12 V 测试灯接电源的一端接电源方向的第二个接点。如果灯亮，则说明故障在第一个接点和第二个接点之间，电路出现断路故障。

③ 如果灯仍不亮，则接第三个接点、第四个接点……越来越接近电源，直至灯亮为止，且断路发生在最后被测接点与前一个被测接点之间。

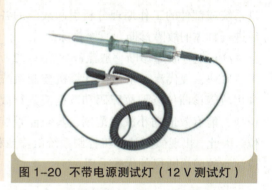

图 1-20 不带电源测试灯（12 V 测试灯）

（2）自带电源测试灯

如图 1-21 所示，自带电源测试灯以其手柄内装有的两节干电池作为电源，也用于检查线路断路与短路故障。

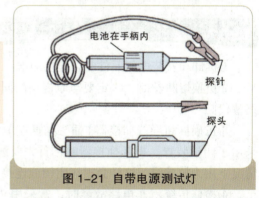

图 1-21 自带电源测试灯

1）检查断路

断开电气系统的电源电路，将自带电源测试灯的一端连接在电路首端，将另一端分别连接其他各接点。如果灯亮，则说明测点与电路首端导通；如果灯不亮，则断路发生在测点与前一接点之间。

2）检查短路

断开电气系统的电源电路，将自带电源测试灯一端搭铁，将另一端连接电气部件电路。如果灯亮，则表示有短路故障。可一步一步地将电路接点脱开、开关打开或拆除部件等，直至电源测试灯熄灭，短路出现在最后开路与前一开路部件之间。

需要指出的是，如无特殊说明，不可用 12 V 测试灯和自带电源测试灯检测电子控制单元 (ECU) 系统。

三、汽车电气故障诊断流程与检修注意事项

1. 汽车电气故障诊断流程

现代汽车是由许多零件组成的复杂的系统，当汽车电气出现故障时，不仅故障的种类是多种多样的，而且故障的原因和部位也是多种多样的，既可能是一般的机械故障，又可能是电气控制系统的故障。因此，在对汽车电气进行检修时，要按照一定的基本原则和维修工艺进行；否则，不仅浪费大量的时间，而且有可能"旧病未除又添新病"。

从原则上讲，要诊断和排除一个汽车电气故障，首先要认真向用户了解故障现象，确认故障症状，然后通过系统或部件的工作原理分析引起故障的各种原因，最后进行具体的故障诊断，直至排除故障。

汽车电气故障诊断一般流程如图1-22所示。

另外，现代汽车上微型计算机控制系统越来越多，利用故障诊断仪读取故障码和数据流进行故障诊断非常快捷，能有效地缩小故障范围，甚至能直接完成故障定位。因此，出现微型计算机控制系统故障或相关故障时，应注意故障诊断仪的优先采用。

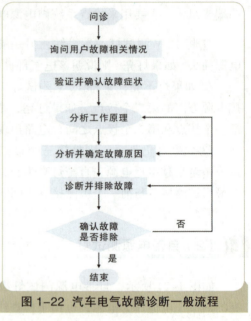

图1-22 汽车电气故障诊断一般流程

2. 汽车电气故障检修注意事项

①拆卸和安装电气元件时，应切断电源。

②更换熔断丝时，一定要与原规格相同，切勿用导线替代。

③正确拆卸导线插接器(插头与插座)。为了防止插接器在汽车行驶中脱开，所有的插接器均采用了闭锁装置。拆开插接器时，首先要解除闭锁，然后把插接器脱开，不允许在未解除闭锁的情况下用力拉导线，这样会损坏闭锁或连接导线。

④检修传统汽车电路故障时，常采用"试火"的办法逐一判断故障部位。在装有电子设备的汽车上，不允许使用这种方法，否则会给某些电路和电子元件造成意想不到的损害。

⑤发动机工作时，不要拆下蓄电池接线。

⑥不允许使用欧姆表及万用表的 $R \times 100$ 以下低阻欧姆挡检测小功率晶体管，以免过载，损坏晶体管。

任务四 汽车电气故障诊断方法

一、直观诊断法

直观诊断法是检修汽车电气的第一步，也是最简单的一步，仅凭检修者的直接感觉和经验来检查和排除故障。当汽车电系的某部分发生故障时，会出现冒烟、火花、异响、焦臭、高温等异常现象。通过人体的感觉器官，采用望、闻、问、切、嗅的方法对汽车电气进行外观检查，可判断出故障所在部位。有一定经验的维修人员通过直观诊断法可以发现一些较为复杂的故障，从而大大提高检修速度。

例如，汽车在行驶中打开转向灯开关时，若发现转向信号灯与转向指示灯均不亮，并且闪光继电器发烫，则表明闪光继电器已经烧毁。

电气元件正常工作时，应有合适的工作温度，温度过高或过低都属于故障。例如，起动机运转无力时，若蓄电池极桩与导线接触不良，则会使温度过高。

二、搭铁试火诊断法

搭铁试火诊断法，即拆下用电设备的某一线头对汽车的金属部分碰试，根据产生的火花强弱判断故障的方法。这种方法比较简单，是广大汽车电子电气维修工经常使用的简便方法。装用电子设备的系统一般不允许使用这种方法，必须借助于一些仪表和工具，按照一定的方法进行。否则，"试火"产生的过电流会给某些电路和元件带来意想不到的损害。

搭铁试火诊断法分为直接搭铁和间接搭铁两种。

1. 直接搭铁

直接搭铁是一种根据未经过负载而直接搭铁所产生的火花来判断线路状况的方法。例如，当怀疑照明总开关至制动开关一段线路有故障时，可拆下制动开关上的线头直接搭铁碰试，若出现强烈火花，则说明这段线路正常；若火花较弱，则说明这段线路中某一线头接触不良或脏污；若无火花出现，则说明这段线路断路。

2. 间接搭铁

间接搭铁是根据通过汽车电气的某一负载而搭铁所产生的火花来判断线路或负载故障的方法。例如将点火线圈低压侧（-）搭铁，若火花微弱，则说明这段线路正常；若无火花，则说明电路断路。

三、断路诊断法

断路诊断法适合于电系发生搭铁短路时出现的故障。例如门灯常亮时，表明某一门灯开关的电路有搭铁故障，这时可采用断路法进行诊断。方法是：将门灯开关逐一按下或拆下，将其接线诸一搭铁，触及时哪个线头无火花，则说明该电路有搭铁故障；当找到并断开短路搭铁的部位时，门灯熄灭。

四、换件对比法

换件对比法是指用规格相同、性能良好的电气设备去代替怀疑有故障的电气设备以进行比较和判断故障的方法。对于难以诊断且故障涉及面大的故障（如电脑），可利用换件对比的方法确定或缩小故障范围。

如高压火花弱，若怀疑是电容器故障，则可换用良好的电容器进行试火，若火花变强，则说明原电容器损坏；否则，应继续查找。

如电喷发动机的喷油器不喷油，若怀疑电脑有故障，可用良好的电脑进行代换，若喷油，则说明原电脑损坏；否则，应继续查找。

五、试灯诊断法

试灯诊断法，即用一个汽车灯泡作试灯，通过观察试灯的亮与不亮或亮的程度来确诊某段电路的故障情况（断路、短路或接触不良）。这一方法特别适合不允许直接短路的带有电子元件的电气设备。

例如，测试交流发电机是否发电，可用试灯诊断法进行测试。方法是：拆下发电机的电枢接线，在发电机运转时，将试灯的一端接交流发电机的电枢，另一端搭铁，如果试灯亮，则说明交流发电机工作正常；反之，则认为发电机不发电。另外，在检查汽车电系是否断路时，可在怀疑断路处接上试灯，如试灯不亮，则说明该电路有断路现象；反之，则认为电路正常。

六、短路诊断法

当怀疑某低压电路断路时，用导线将这一线路或电器短路，观察用电器的变化，以检验和确定故障部位。

如制动灯不亮，可用螺丝刀将制动灯开关两接柱连接以检验制动灯开关是否良好。

> **注意**
>
> 对于现代汽车的电子设备而言，应慎用短路法来诊断故障，以防止短路时因瞬间电流过大而损坏电子设备。

七、高压试火法

高压试火法是指利用汽车高压电检查某些电气部件的方法，其中最常见的是检查分火头是否损坏。方法是：将分火头插孔与分火线约距 5 mm，然后用螺丝刀拨动断电器触点，若分火头内不跳火，则说明分火头完好无损；反之，则说明分火头已损坏。

当发动机工作不良或少数气缸不工作时，可将高压分缸线火花塞端取下，距离火花塞 5～7 mm 试火。若发动机工况好转，则表明该缸工作失常。在试火过程中，还可以通过观察高压火花的强弱、有无火等现象来判断点火系统的工作是否正常。

八、仪器仪表检测法

利用万用表、示波器等仪器仪表，对电气元件和电子控制系统进行检测，即可确定其技术状况。

对现代汽车上越来越多的电子设备来说，仪器仪表检测法具有省时省力和诊断准确的优点，但要求操作者必须具备熟练应用万用表、示波器等的技能，并准确把握汽车电气元件和系统的工作原理和标准数据。

九、模拟法

模拟法用于对各种传感器信号、指示机构工况的判断。使用此法时必须熟悉汽车的电路参数。

思考与练习

一、填空题

1. 汽车电气的特点有_____、_____、_____、_____。
2. 汽车电源系统由_____、_____、_____、_____等组成。
3. 电阻是利用_____或_____制成的便于安装的电路元件。
4. 汽车电气故障诊断方法有_____、_____、_____、_____、_____、_____、_____、_____、_____。

二、选择题

1. 电阻的单位是（　　）。
   A. 伏特　　　　B. 安培　　　　C. 欧姆
2. 如电阻的四环颜色为红红棕金，则表示电阻的大小为（　　）。
   A. 220 Ω　　　B. 22 kΩ　　　C. 220 kΩ
3. （　　）具有通过交流电而隔置直流电的能力，一般简称为"隔直通交"。
   A. 电阻器　　　B. 电感器　　　C. 电容器
4. 导电性能良好的物体叫（　　）。
   A. 导体　　　　B. 绝缘体　　　C. 半导体
5. 不具备放大作用的半导体器件是（　　）。
   A. 三极管　　　B. 晶闸管　　　C. 场效应管

三、问答题

1. 概括汽车电气常见故障的诊断与排除流程。
2. 简述三极管的工作原理。

课题二
汽车仪表、照明及信号系统

学习任务
熟悉仪表系统、照明系统、指示灯系统、信号系统及电喇叭的组成与工作原理。

技能要求
掌握仪表系统、照明系统、指示灯系统、信号系统及电喇叭的常见故障与检修。

读懂汽车的仪表盘

任务一　仪表系统

一、认识汽车仪表

为使驾驶员随时了解各系统的工作情况，汽车上都设有表示汽车工作状况的仪表。常见的仪表有车速里程表、转速表、冷却液温度表、燃油表、机油压力表等，如图2-1所示。

二、汽车仪表的构造及工作原理

1. 冷却液温度表

图2-1　一般轿车仪表板

冷却液温度表（见图2-2）用来显示发动机冷却液的工作温度。冷却液温度表的工作电路由装在仪表板上的冷却液温度指示表和装在发动机冷却水套中的冷却液温度传感器两部分组成。常用的冷却液温度表有电热式和电磁式两种。

（1）电热式冷却液温度表

图2-2　冷却液温度表

电热式冷却液温度表如图2-3所示。其工作原理如下：

当点火开关接通时，冷却液温度表工作电路为：蓄电池正极→点火开关→表头双金属片上的加热线圈→传感器接线端子→导电接触片→传感器加热线圈→触点→触点臂搭铁→蓄电池负极。

当冷却液温度低时，传感器中的双金属片周围环境温度就低，散热容易，触点断开后双金属片在较短时间内就会冷却复位使触点再次闭合。因此触点闭合时间较长、断开时间较短，流过表头加热线圈的平均电流较大，使表头双金属片受热变形量大，带动指针偏转角度大，指向低温。

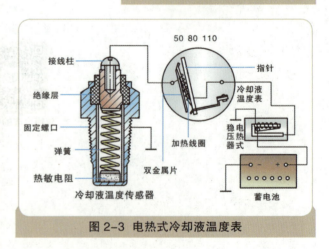

图2-3　电热式冷却液温度表

当冷却液温度升高时，传感器双金属片周围环境温度高，散热困难，触点闭合后双金属片在较短时间内就会受热膨胀使触点再次断开。触点闭合时间缩短、断开时间增长，流过表头加热线圈的平均电流减小，使表头双金属片受热变形量减小，带动指针偏转角度小，指示温度升高。

（2）电磁式冷却液温度表

电磁式冷却液温度表的结构原理如图2-4所示。

冷却液温度表内有两个互成一定角度的铁芯，铁芯上分别绕有磁化线圈 L_1、L_2。其中 L_2 与冷却液温度传感器串联，两个铁芯的下端对着带指铁的偏转衔铁。

冷却液温度高时，由于热敏电阻传感器的阻值小，流经 L_2 中的电流大、磁场强，吸引衔铁（图2-4中）向高温方向偏转，指针指向高温区；冷却液温度低时，由于热敏电阻传感器的阻值大，因此 L_2 中的电流小，而 L_1 中的电流大、磁场强，吸引衔铁向低温方向偏转，指针指向低温区。

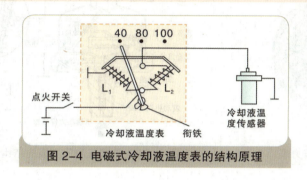

图2-4 电磁式冷却液温度表的结构原理

2. 燃油表

燃油表（见图2-5）用来指示燃油箱内燃油的储存量。它与装在油箱内的燃油传感器配套工作。燃油表也分电磁式和电热式两种。

电磁式燃油表如图2-6所示。燃油表由两个绕在铁芯上的线圈、转子、指针、分流电阻等组成。

图2-5 燃油表

当油箱无油时，浮子下沉，滑线电阻上的滑片移至最右端，将右线圈短路，无电流通过。此时，左线圈中的电流达到最大，左线圈产生的磁力最强，使转子带动指针左偏，使指针在"E"位上。

当油量增加时，浮子上升，滑线电阻部分接入，使右线圈中的电流增加，而左线圈中的电流减小，在左线圈和右线圈的合成磁场作用下，转子带动指针向右偏转，指针指向高刻度位置。

当油箱中装满油时，浮子带着滑片移到电阻的最左端，电阻全部接入电路。此时左线圈中电流更小，磁场更弱，而右线圈中电流增大，磁场加强，转子便带着指针向右移，使指针在"F"（满）位上。

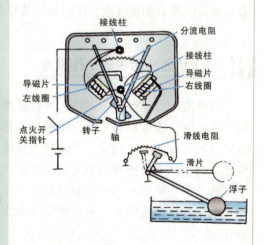

图2-6 电磁式燃油表

3. 机油压力表

机油压力表（见图2-7）用来指示发动机润滑系统机油压力的大小。机油压力表的电路由机油压力表和机油压力传感器两部分组成。

机油压力表有电热式、电磁式和动磁式三种。其中应用最为广泛的是电热式机油压力表，其结构和工作原理如图2-8所示。

图2-7 机油压力表

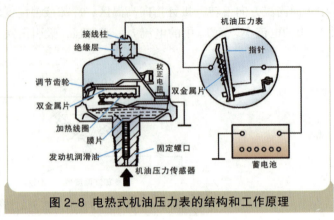

图2-8 电热式机油压力表的结构和工作原理

（1）机油压力表

机油压力表内装有双金属片，其上绕有加热线圈，线圈一端经接线柱后接机油压力传感器，另一端接蓄电池正极。

（2）机油压力传感器

机油压力传感器内部装有膜片，膜片下腔与发动机的润滑主油道相通。发动机的机油压力直接作用在膜片上，膜片的上方压着弹簧片，弹簧片的一端与外壳固定并搭铁，另一端焊有触点。双金属片上绕有加热线圈，线圈的一端焊在双金属片的触点上，另一端焊在接触片上。

（3）机油压力表的工作原理

当机油压力很低时，机油压力传感器内的膜片变形很小，这时作用在触点上的压力很小。电流通过时，温度略有上升，机油压力传感器内双金属片稍有变形时，就会使触点分开，切断电路，经过较短的时间后，机油压力传感器内双金属片冷却伸直，触点又闭合，线圈再次通电发热，机油压力传感器内双金属片变形，很快触点又分开。如此循环，触点在不断的开闭状态下工作。由于机油压力低，触点压力小，极易分开，因而触点打开时间长，闭合时间短，使电路中的平均电流值很小，所以机油压力表内双金属片受热变形小，指针的偏转角度小，指示低油压。

当机油压力升高时，传感器内触点打开时间短，闭合时间长，电路中的平均电流值大，所以机油压力表内双金属片受热变形量增大，指针的偏转角度大，指示高油压。

4. 车速里程表

车速里程表（见图2-9）是用来指示汽车行驶速度和累计行驶里程数的仪表，由车速表和里程表两部分组成。车速里程表有磁感应式和电子式两种。

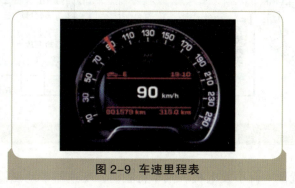

图2-9 车速里程表

（1）磁感应式车速里程表

磁感应式车速里程表结构如图2-10所示。磁感应式车速里程表由变速器输出轴上的一套蜗轮、蜗杆以及软轴驱动。车速表由永久磁铁、带有轴及指针的铝碗、罩壳和紧固在车速里程表外壳上的刻度盘等组成。

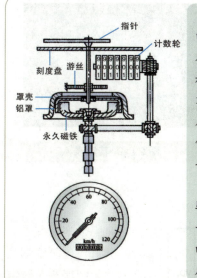

汽车不工作时，铝碗在游丝的作用下，指针位于刻度盘的零位置。当汽车行驶时，变速器输出轴上的蜗轮、蜗杆以及软轴等带动永久磁铁转动，永久磁铁的磁力线在铝碗上引起涡流，产生转矩，使铝碗克服游丝的弹力向永久磁铁转动方向旋转。于是铝碗带动指针转过一个与汽车行驶速度大小成正比的角度，指针在刻度盘上指示相应的车速。车速越高，铝碗带着指针偏转的角度越大，指针在刻度盘上指示的车速也越高。

里程表由蜗轮、蜗杆和计数轮组成。汽车行驶时，软轴驱动车速里程表的小轴，经三对蜗轮、蜗杆带动里程表的第一计数轮转动。第一计数轮上的数字为1/10 km，每两个相邻的计数轮之间又通过本身的内齿和进位数字轮传动齿轮，形成1/10的传动比。这样汽车行驶时，就可累计出行驶里程数。

图2-10 磁感应式车速里程表结构

（2）电子式车速里程表

电子式车速里程表主要由车速传感器、电子电路、车速表和里程表四部分组成，如图2-11所示。

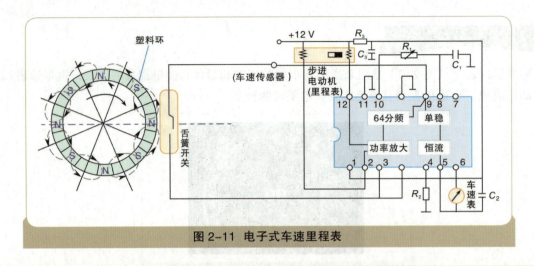

图 2-11 电子式车速里程表

变速器上的传感器就像一台小发电机。汽车行驶时，变速器带动磁铁转动，磁力线切割线圈产生电流，经 M 接线柱输出，并通过连线至仪表，经二极管整流器整流，输出直流，该直流电流经电阻线圈和电阻，通过游丝到动圈产生磁场。这样，动圈磁场和永久磁铁磁场相互作用产生矩，推动指针顺时针转动。速度越快，产生的力矩越大，指针偏角越大。

5. 发动机转速表

发动机转速表用于指示发动机的运转速度，如图 2-12 所示。转速表按其结构的不同可分为机械式和电子式两种，其中电子式转速表应用较广泛。

电子式转速表按获取转速信号的方式不同分为从点火系统获取信号的转速表、测取飞轮（或正时齿轮）转速的转速表、从发电机上获取转速信号的转速表。汽油机用的电子式转速表一般从点火系统中获取发动机的转速信号。

图 2-13 所示为利用电容充放电的脉冲式电子转速表的原理，转速信号取自点火系统初级电路。

图 2-12 转速表

图 2-13 脉冲式电子转速表的原理

发动机工作时，点火控制器控制点火线圈初级电路的导通和截止，其导通与截止的次数与发动机转速成正比。

当点火线圈初级电路导通时，三极管 VT 处于截止状态，电容器 C_2 被充电。电流流向为：蓄电池正极 → R_3 → C_2 → VD_2 → 蓄电池负极。

当点火线圈初级电路截止时，三极管 VT 的基极电位因接近电源正极而导通，此时电容器 C_2 便通过导通的三极管 VT、转速表测量机构（实际上为毫安表）、二极管 VD_1 构成放电回路，从而驱动转速表测量机构。

点火线圈初级电路不断地导通和截止，C_2 不断地进行充放电，其放电电流的平均值与发动机转速成正比，通过转速表便可指示出发动机的转速。

三、仪表的拆装要点及步骤

注意事项

拆卸组合仪表时，首先应拆下蓄电池负极电缆线，以免手触摸仪表板后面线束时造成线路短路。

仪表的更换

步骤一

拆卸组合仪表装饰面板时，由于固定螺钉是隐藏的，因此要仔细查找固定螺钉，强行拆卸会损坏仪表装饰板。如图 2-14 所示，圈内为仪表板固定螺钉的位置。

图 2-14 固定螺钉位置

步骤二

使用仪表板拆卸专用工具，分别把左压板和右压板撬动（见图 2-15 蓝色圈处），注意力度，以免损坏仪表装饰板。

图 2-15 仪表装饰板位置

步骤三

将仪表装饰板撬松，往外拉即可将装饰板及仪表保护罩取出。如图2-16所示。

图2-16 拆卸装饰板及仪表保护罩

步骤四

如图2-17（蓝色圈里）所示，左压板下面的3个卡扣和右压板下的2个卡扣，分别是用来卡紧装饰板的卡槽。

图2-17 左、右压板卡槽

步骤五

拆卸仪表盘。如图2-18、图2-19所示，仪表盘由三颗螺丝固定。使用工具分别将三颗螺丝拧松并取下螺丝。

图2-18 仪表板固定螺丝（1）

图2-19 仪表板固定螺丝（2）

步骤六

拆卸三颗螺丝（如图2-20所示，取出仪表板总成），拔掉仪表板上连接线束插头。

图2-20 仪表板总成

四、仪表常见故障的检修

（1）燃油表的检修

故障现象

油箱内无论多少燃油，指针总显示无油。

故障原因

①燃油表本身故障。
②电路中有断路处。
③燃油表传感器故障。
④稳压器工作异常等。

维修思路

①用10Ω的电阻代替传感器，一端接到传感器的线束上，另一端直接搭铁，如图2-21所示，点火开关打到ON挡，观察燃油表。

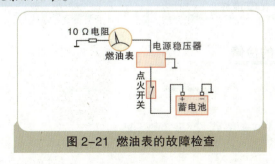

图2-21 燃油表的故障检查

若指针向满油刻度方向移动,则说明故障在燃油表传感器;若无反应,则说明故障在仪表本身或稳压器,或线路已断路。

②接好燃油表传感器接线插头,打开点火开关,用万用表测量仪表上的电源进线电压。若有电压,则说明燃油表内部已坏。若无电压,则说明稳压器已坏或电路线已断。

(2) 机油压力表的检修

故障现象

机油压力表指针移动不正常。

故障原因

①机油压力传感器故障。
②机油压力表故障。
③电源电路中有故障等。

维修思路

①在机油压力传感器接线柱端串联一个与机油压力传感器相当阻值的电阻后搭铁,如图2-22所示,观察机油压力表指针的偏转情况,若机油压力表指示正确,则说明故障在机油压力传感器。

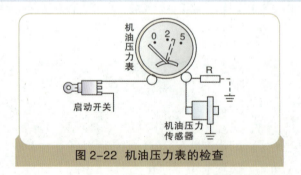

图2-22 机油压力表的检查

②拆下机油压力传感器,将一根平头小铁棍插进传感器孔内顶压膜片,并打开启动开关。若机油压力表指针移动正常,则说明是润滑油路堵塞引起的传感器处无油压。

③用万用表电压挡检查机油压力表电源接线柱的电压,若为0,则说明电源线路断路;若为12 V,则说明机油压力表已损坏。

(3) 冷却液温度表的检修

故障现象

冷却液温度表无显示。

故障原因

①冷却液温度传感器故障。
②冷却液温度表本身故障。
③电路中有断路处。
④稳压器工作异常等。

维修思路

①拆下冷却液温度传感器接线柱上的导线,串接一个试灯(2~5 W)后搭铁,将点火开关置ON挡,观察冷却液温度表指针摆动情况;若指针摆动,则故障在传感器;若冷却液温度表指针不动,则进行下一步诊断。

②将试灯一端搭铁,另一端接冷却液温度表上"电源"接线柱,点火开关置ON挡,观察试灯是否亮,若不亮,则稳压器到蓄电池间导线断路或仪表熔断器烧断;若试灯亮,则进行下一步诊断。

③将试灯一端搭铁,另一端接冷却液温度表上"传感器"接线柱,点火开关置ON挡,观察冷却液温度表指针摆动情况,若冷却液温度表不动,则说明冷却液温度表损坏;若冷却液温度表动,则说明冷却液温度表到传感器间导线断路。

任务二 照明系统

一、前照灯的结构

前照灯的照明效果直接影响夜间行车的安全。它具有较特殊的光学结构,主要由灯泡、反射镜和配光镜三部分组成。

认识照明系统以及信号装置

1. 灯泡

灯泡有白炽灯泡和卤钨灯泡两种,如图 2-23 所示。

白炽灯泡:灯丝由钨丝制成,制造时,先从玻璃泡抽出空气,再充以氩和氮的混合惰性气体,以减少钨的蒸发,提高灯丝的温度,增强发光效率,从而延长灯泡的使用寿命。

卤钨灯泡:在充入灯泡的气体中掺入某一卤族元素,如氟、氯、溴、碘等,利用卤钨再生循环反应的原理,有效防止了钨的蒸发和灯泡的黑化现象。

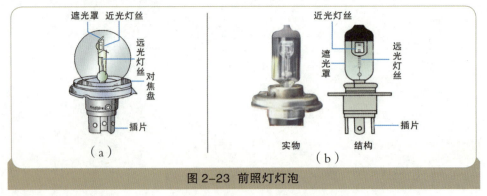

图 2-23 前照灯灯泡
(a)白炽灯泡;(b)卤钨灯泡

2. 反射镜

反射镜的作用是收集灯泡发出的光线,并将这些光线聚合成很强的光束射向远方。反射镜的表面形状呈旋转抛物面,如图 2-24 所示,一般用薄钢板冲压而成。其内表面镀银、镀铝或镀铬,然后抛光。

3. 配光镜

配光镜又称散光玻璃,其作用是将反射镜反射出的平行光束进行扩散分配,以扩大光线的照射范围,并使路面的照明更加均匀。配光镜一般用透光玻璃压制而成,是很多特殊棱镜和透镜的组合体。外形一般为圆形或矩形,如图 2-25 所示。

图 2-24 反射镜

图 2-25 配光镜

二、各种类型的前照灯

根据灯光组的结构不同,可将前照灯分为半封闭式前照灯、全封闭式前照灯、投射式前照灯、氙气式前照灯等。

汽车前照灯技术的认知

1. 半封闭式前照灯

半封闭式前照灯的配光镜由反射镜边缘上的齿簧固定在反射镜上,二者之间用橡胶圈或密封胶密封。灯泡可从反射镜后端进行拆装,结构如图 2-26 所示。半封闭式前照灯的缺点是密封性能不良;优点是维修方便,因此得到广泛使用。

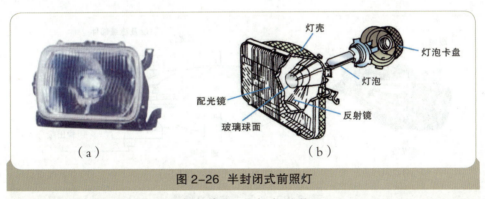

图 2-26 半封闭式前照灯
(a) 实物;(b) 结构

2. 全封闭式前照灯

全封闭式前照灯又称真空灯。反射镜和配光镜玻璃制成一体,形成灯泡,里面充以惰性气体。灯丝焊在反射镜底座上,如图 2-27 所示。全封闭式前照灯的优点是可防止反射镜被污染,反射效率高,照明效果好,使用寿命长;缺点是当灯丝烧断后,需要更换整个总成,成本高。为使前照灯更美观、照射效果更好,目前许多轿车都采用投射式前照灯和氙气式前照灯。

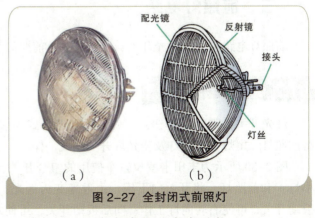

图 2-27 全封闭式前照灯
(a) 实物;(b) 结构

3. 投射式前照灯

投射式照灯采用卤素灯泡。它的反射镜近似于椭圆形状，有两个焦点。在第一焦点处放置灯泡，第二焦点在灯光中形成。凸形配光镜的焦点与第二焦点是一致的。来自灯泡的光利用反射镜聚成第二焦点，再通过散光镜将聚集的光投射到前方。投射式前照灯的结构如图 2-28 所示。

在第二焦点附近设有遮光板，可遮挡向上的光线，形成明暗分明的配光。这种配光特性使投射式前照灯除了可用作近光灯、远光灯外，还可用作雾灯。

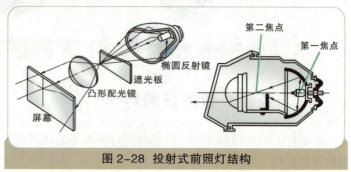

图 2-28 投射式前照灯结构

4. 氙气式前照灯

氙气式前照灯（简称氙气灯）也称高亮度弧光灯。这种灯没有传统的灯丝，取而代之的是装在石英管内的两个电极，管内充有氙气及微量金属（或金属卤化物），结构如图 2-29 所示。弧光灯由弧光灯组件、电子控制装置和升压器三部分组成。其光色成分和日光灯相似，亮度是目前卤素灯泡的 3 倍左右，寿命可达卤素灯泡的 5 倍。

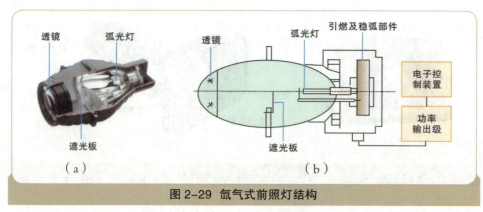

图 2-29 氙气式前照灯结构
（a）实物；（b）结构

三、前照灯电路

前照灯电路主要由灯光开关、变光开关、前照灯继电器及前照灯组成。

1. 灯光开关

灯光开关的形式有拉钮式、旋转式和组合式等多种。目前汽车上使用较多的是组合开关，它将前照灯、尾灯、转向灯及变光灯开关制成一体。

图 2-30 所示为丰田卡罗拉轿车使用的组合开关，转动开关端部，便可依次接通尾灯（包括前小灯）和前照灯，将开关向下压，由近光变为远光；此时将开关向上扳，由远光变为近光；向前扳动开关，可使右转向灯工作；向后扳动开关，可使左转向灯工作。

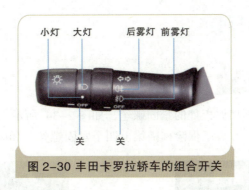

图 2-30 丰田卡罗拉轿车的组合开关

2. 变光开关

变光开关可以根据汽车行驶的需要切换近光和远光。变光开关有组合开关和脚踏开关两种。目前汽车采用较多的是组合开关,该开关安装在转向盘下方,以便驾驶员操作。

丰田卡罗拉轿车组合开关位置如图 2-31 所示。

普通脚踏变光开关结构如图 2-32 所示。

图 2-31 丰田卡罗拉轿车组合开关位置

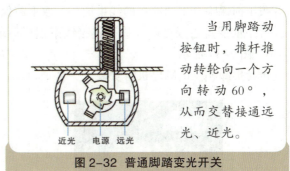

图 2-32 普通脚踏变光开关

3. 前照灯继电器

前照灯的工作电流较大,若用车灯开关直接控制前照灯,车灯开关易烧坏,因此在前照灯电路中设有灯光继电器。图 2-33 所示为常开式前照灯继电器,SW 端子与前照灯开关相连,E 端子搭铁,B 端子与电源相连,L 端子与变光开关相连。当接通前照灯开关时,继电器线圈通电,电磁铁产生磁力,使衔铁带动动触点与静触点接通;当切断线圈电流时,电磁力消失,衔铁在弹簧的作用下迅速回位,使动触点与静触点断开。利用触点的开、闭,实现对灯光电路的控制。

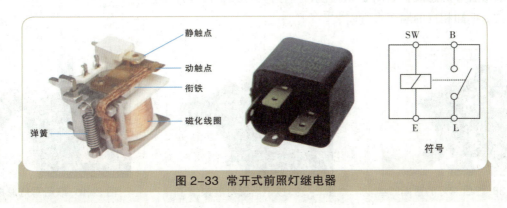

图 2-33 常开式前照灯继电器

四、照明系统的拆装

1. 前照灯的拆装

①拆下前保险杠总成位于挡泥板处的紧固螺丝，如图 2-34 所示。
②将汽车举到一定高度，并拆下保险杠横梁上四个紧固螺丝，如图 2-35 所示。

图 2-34 拆挡泥板处的紧固螺丝

图 2-35 拆下保险杠横梁上四个紧固螺丝

③拔下前保险杠上两雾灯的线束插头，取下前保险杠总成。
④拧下前照灯总成螺丝，拔下连接线束端口后取出前照灯（左右前照灯拆卸方法相同），如图 2-36、图 2-37 所示。
⑤按与拆卸相反的顺序进行安装。

图 2-36 拧下前照灯总成螺丝

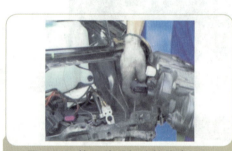

图 2-37 拔下前照灯连接线束端口

2. 后雾灯的拆装

①拧下行李厢盖上左右后雾灯的紧固螺丝，拔下线束端子，如图 2-38、图 2-39 所示。
②取出后雾灯总成，如图 2-40 所示，右边为灯饰，没有线束连接。
③按与拆卸相反的顺序进行安装。

图 2-38 拧后雾灯的紧固螺丝

图 2-39 拔下后雾灯线束端子

图 2-40 取后雾灯总成

3. 后组合灯的拆装

①取下位于行李厢中尾灯后部的罩盖，拧下后组合灯总成紧固螺丝，如图 2-41 所示。
②拔下连接线束，取出后组合灯总成，如图 2-42 所示。
③按与拆卸相反的顺序进行安装。

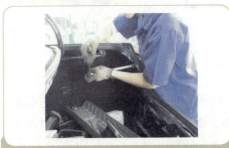

图 2-41 拧下后组合灯总成紧固螺丝

图 2-42 取出后组合灯总成

五、照明系统的检修

部分车型的照明系统故障如表 2-1 所示。

灯光检查

表 2-1 照明系统故障

故障现象	故障原因	排除方法
前照灯灯光暗淡	电压过低（蓄电池存电不足）	对蓄电池充电
	配光镜或反射镜上积有灰尘	拆开前照灯进行清洁
	接头松动或锈蚀使电阻增大	拧紧、清除锈蚀
接通前照灯或近光灯时，右前照灯亮而左前照灯明显发暗	左前照灯搭铁不良	使搭铁良好
	左前照灯配光镜或反射镜上积有灰尘	拆开前照灯进行清除
	左前照灯灯泡玻璃表面发黑	更换灯泡
	接头松动或锈蚀使电阻增大	拧紧、清除锈蚀
变光时有一前照灯不亮	灯丝烧断	更换灯泡
	接线板到灯泡的导线断路	检查并接好
	灯泡与灯座接触不良	清除污垢，使接触良好
两只小灯均不亮	车灯开关到小灯接线板的导线断路	重新接好
	灯丝烧断	更换灯泡
一只小灯不亮	小灯接线板到小灯的导线断路	重新接好
	灯丝烧断	更换灯泡
	搭铁不良	使搭铁良好

任务三 信号系统

一、转向灯与危险警示灯电路

转向灯与危险警示灯电路由闪光继电器、转向开关、遇险报警开关、左转向灯（包括左前、左侧、左后转向灯）及右转向灯（包括右前、右侧、右后转向灯）等组成。转向灯与危险警示灯开关如图2-43所示。

检查与更换转向灯开关

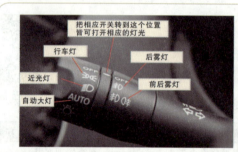

图2-43 转向灯与危险警示灯开关

1. 转向灯控制

转向开关有三个挡位，即关闭（OFF）、左转向（L）和右转向（R）。当转向开关位于OFF挡时，左、右转向灯电路全断开，转向灯全不亮。如图2-44所示，当转向开关位于L挡时，转向开关向闪光继电器的15L端子输出搭铁（左转向）信号。闪光继电器工作，通过端子L向左转向灯电路输出，通过闪光继电器的作用，左转向灯开始闪烁。

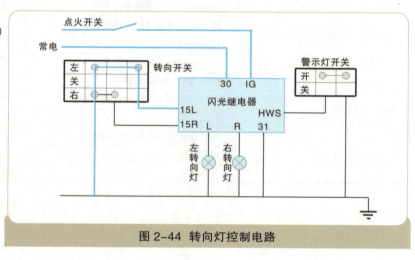

图2-44 转向灯控制电路

在使用转向灯时，必须先将点火开关打到ON挡再打开转向开关，转向灯才能够闪烁。

2. 警示灯控制

如图 2-45 所示，当遇到紧急情况时，将危险警示灯开关由关闭（OFF）转换到打开后，闪光继电器端子 HWS 通过警示灯开关接地，即警示灯开关向闪光继电器输入请求开启警示灯的信号。此时，不论转向开关处于何位置，闪光继电器同时向左、右转向灯电路输出闪光控制信号，左、右转向灯同时闪烁，并且闪光频率比转向时快很多。

警示灯控制电路的供电与点火开关状态无关，这是因为蓄电池给闪光继电器 30 号针脚供有常电，在使用警示灯时，按动警示灯开关，转向灯就能闪烁。

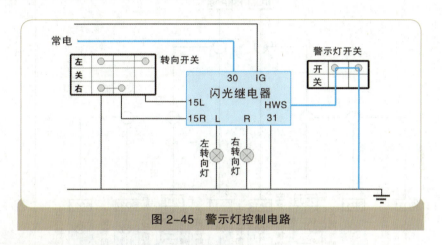

图 2-45 警示灯控制电路

3. 转向灯与危险警示灯电路实例

图 2-46 所示为 BCM（车身控制模块）控制的转向灯与危险警示灯控制电路。由图可知，转向灯开关或危险警示灯开关向 BCM 发送转向或危险报警信号，由 BCM 控制一侧的转向灯闪烁，或者全部转向灯都闪烁起警示作用。

整个电路的控制原理

转向控制

转向开关的端子 2 接地，当向左转向时，打开转向开关到 L 位置，转向开关的 1 脚向 BCM 的端子 27 输出接地信号。BCM 检测到这一信号，由于 BCM 内部具有闪光继电器装置，因此通过端子 4 向左转向灯装置输出闪光信号。这些转向灯装置包括左前转向灯、左侧转向灯、左后转向灯以及后视镜上的左外后视镜转向灯。

危险报警控制

当按下仪表板上的危险警示灯开关时，BCM 的端子 28 接地，BCM 检测到这一信号，同时向左右两侧输出闪光报警信号，此时汽车两边的转向灯装置快速闪烁。

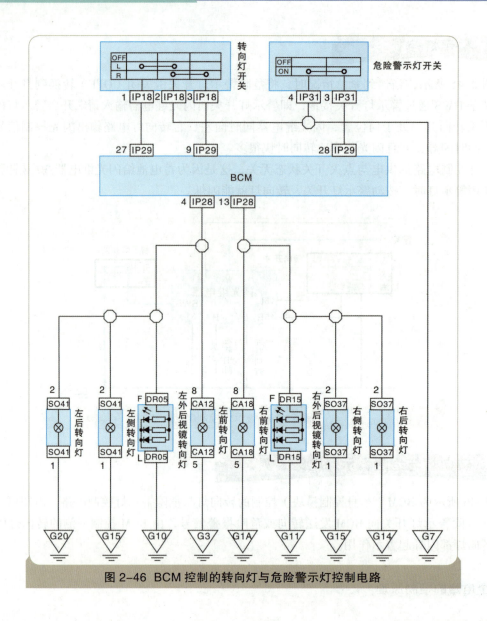

图 2-46 BCM 控制的转向灯与危险警示灯控制电路

二、制动灯电路

制动灯电路系统包括制动灯熔断丝、制动灯开关、左后尾灯中的制动灯、右后尾灯中的制动灯和高位制动灯等。图 2-47 所示为制动灯开关和制动灯开关电路。开关 F 和 F47 的工作状态是相反的，踩下制动踏板时，若开关 F 闭合，F47 则断开。制动灯控制电路如图 2-48 所示。

检查与更换制动灯开关

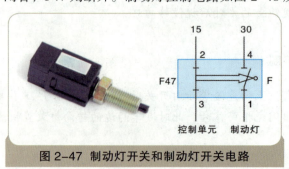

图 2-47 制动灯开关和制动灯开关电路

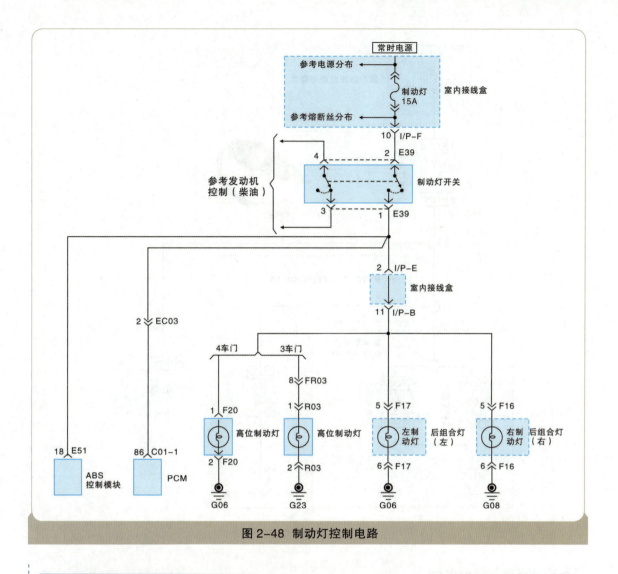

图 2-48 制动灯控制电路

制动灯电路的控制原理

当需要制动时,踏下制动踏板,制动灯开关自动接通;松开制动踏板,制动灯开关自动断开。当制动开关接通时,蓄电池电源通过室内熔断丝制动灯开关闭合触点向各制动灯供电,汽车后部的制动灯发出醒目的红光。与此同时,制动灯开关向 ABS 控制模块和发动机 PCM(动力控制模块)提供制动信号。

三、倒车灯电路

倒车灯的作用是倒车时为汽车后部提供照明,有足够的光线使驾驶员能够通过后视镜观察到后方情况;另一个作用是用倒车蜂鸣器(如果有)向汽车后方人员或驾驶员提醒注意倒车。

倒车灯电路系统包括倒挡车开关、倒车灯和蜂鸣器。倒车灯电路如图 2-49 所示,该电路受点火开关控制。

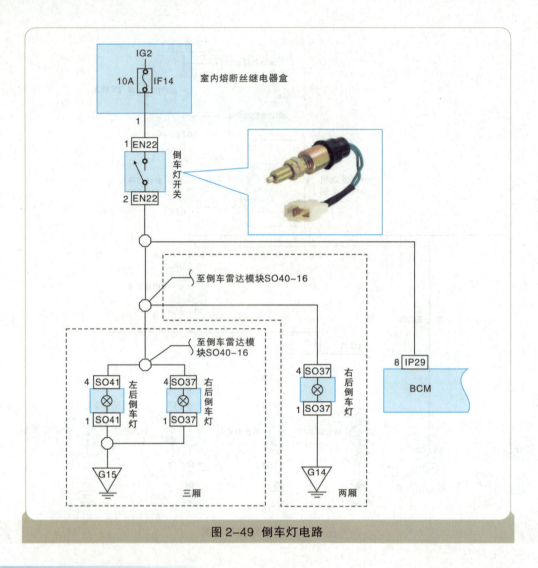

图 2-49 倒车灯电路

倒车灯电路的控制原理

当需要倒车，且点火开关是打开的（IG2 有电），挂入倒挡的同时，倒车灯开关（倒挡开关）自动接合，倒车灯电路接通，倒车灯亮。同时，倒车灯电路向 BCM 的端子 8 输出倒车信号。由于 BCM 中配有蜂鸣器，因此 BCM 控制蜂鸣器鸣响。

由图 2-49 可知，该车的三厢车型具有左后、右后两个倒车灯，而两厢车型则只有右后倒车灯。

四、喇叭电路

图 2-50 所示为喇叭电路，该电路系统包括喇叭继电器、喇叭按钮开关和高低音喇叭。喇叭电路是不受点火开关控制的。

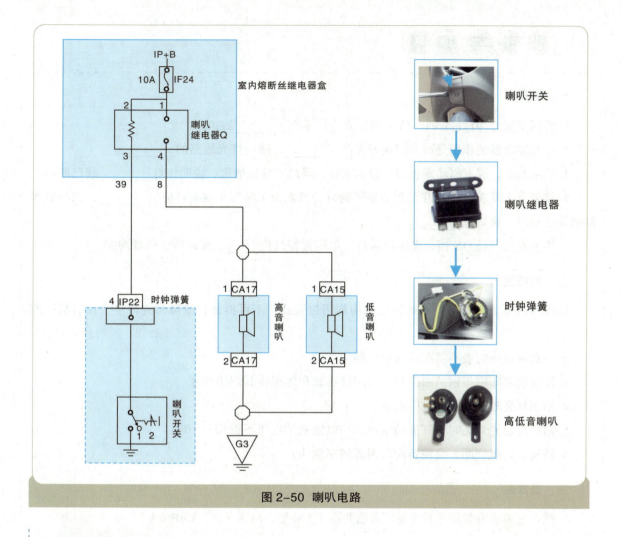

图 2-50 喇叭电路

喇叭电路的控制原理

当按下方向盘上的喇叭按钮时,喇叭开关闭合,喇叭继电器线圈电路接通,工作电流流动顺序:蓄电池正极(+B)→熔断丝IF24→喇叭继电器线圈→时钟弹簧→喇叭按钮→搭铁→蓄电池负极,喇叭继电器闭合,高低音喇叭电路接通,喇叭发出声响。喇叭电路工作电流流动顺序:蓄电池正极→熔断丝IF24→喇叭继电器触点→高低音喇叭→搭铁→蓄电池负极。

思考与练习

一、填空题

1. 实际车速为 40 km/h 时，汽车车速表应指示在_____km/h。
2. 灯光继电器的作用是减少控制开关的_____，减少灯光线路的_____。
3. 开示宽灯，踩下制动踏板后，后示宽灯（尾灯）反而熄灭，说明该灯_____线已断路。
4. 接通点火开关，拉起驻车制动器手柄时，仪表板上的驻车制动灯应_____，放松驻车制动器手柄时，该灯应_____。
5. 接通点火开关 ON 挡，充电指示灯、油压报警灯应____；发动后，两者均应____。

二、判断题

1. 汽车内部比较精密，因此仪表结构均用封装式，不可拆卸，故障时应将整个仪表板一起更换。（ ）
2. 一般机油压力表不需配仪表稳压器。（ ）
3. 发现仪表印刷板铜箔断路时，可用焊锡膏和焊锡将其焊接修复。（ ）
4. 前照灯亮时，示宽灯也应亮着。（ ）
5. 前照灯远光灯亮时，灯泡两端电压与电池两端电压不得相差 10%。（ ）
6. 转向灯灯丝烧断，会使转向灯闪烁频率变快。（ ）

三、选择题

1. 汽车电喇叭音量距车前 2 m，离地面高 1.2 m 处，应为（ ）dB（A）。
   A. 90～105   B. 80～90   C. >105
2. 转向灯及危险警示灯闪光频率应为（ ）Hz。
   A. 2.0±0.5   B. 1.0±0.5   C. 1.5±0.5
3. 制动灯灯光颜色应为（ ）。
   A. 红色   B. 黄色   C. 白色   D. 绿色
4. 造成两个前照灯均不工作的原因可能是（ ）故障。
   A. 灯泡烧坏   B. 前照灯开关   C. A 和 B 均正确   D. A 和 B 均不正确

课题三
汽车辅助电气

● **学习任务**

熟悉电动车窗系统、滑动天窗系统、刮水器与清洗器系统、电动后视镜、电动座椅、门锁、中控系统以及汽车音响的组成和工作原理。

● **技能要求**

学会电动车窗系统、滑动天窗系统、刮水器与清洗器系统、电动后视镜、电动座椅、门锁、中控系统以及汽车音响的常见故障检修。

任务一　汽车电动刮水器与风窗清洗器

一、电动刮水器的组成及工作原理

1. 电动刮水器的组成

电动刮水器主要由直流电动机、蜗轮减速机构、拉杆、摆杆、刮水器臂、刮水片等组成，如图3-1所示。

直流电动机旋转，带动蜗轮减速机构，使与蜗轮轴相连的刮水器臂带着两侧拉杆做往复运动。拉杆则通过摆杆带着左、右刮水器臂做往复摆动。安装在刮水器臂上的雨刮片便刮去玻璃上的雨水、雪水和灰尘。

刮水器概述

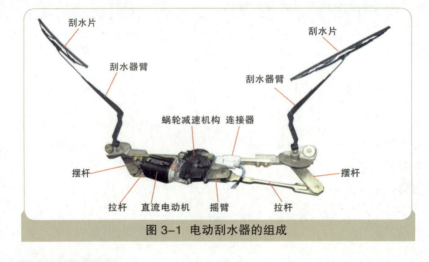

图3-1　电动刮水器的组成

2. 刮水器的变速原理

刮水器电动机按其磁场结构不同分为绕线式和永磁式两种。目前永磁式刮水器电动机应用广泛，下面就以永磁式刮水器电动机为例讲解其变速原理。

永磁式刮水器电动机是通过改变电刷间的导体数目来进行变速的。如图3-2所示，它采用三电刷式结构，B_1为低速运转电刷，B_2为高速运转电刷，B_3为公共电刷。

当电动机工作时，在电枢线圈内同时产生与电枢电流方向相反的反电动势，其大小与转速成比例。只有当外加电压等于反电动势时，电枢的转速才趋于稳定。

低速运转：当开关拨向L（低速挡）时，如图3-2（a）所示，电源电压加在电刷B_1与B_3之间。在电刷B_1与B_3之间有两条并联的电枢绕组支路，一条是由绕组1、2、3、4串联的支路；另一条是由绕组5、6、7、8串联的支路。每条回路中串联的有效线圈有四个，串联线圈（导体）数相对较多，故反电动势较大，电动机以较低转速运转。

高速运转：当开关拨向H（高速挡）时，如图3-2（b）所示。电源电压加在电刷B_2和B_3之间，其间同样有两条并联的电枢绕组支路，一条是由绕组1、2、3、4、8串联的支路；另一条是由绕组5、6、7串联的支路。由于绕组8和绕组4的绕线方向相反，而流经其中的电流方向相同，故绕组8产生的反电动势与绕组4的反电动势互相抵消，只有三个绕组的反电动势与电源电压平衡，故反电动势较小，电动机以较高转速运转。

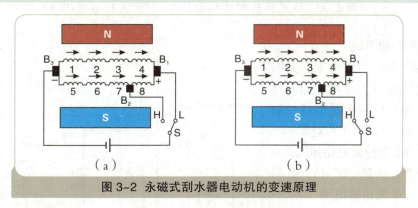

图3-2 永磁式刮水器电动机的变速原理

（a）低速运转；（b）高速运转

3. 刮水器的自动复位

刮水器的自动复位是指在任何时刻切断刮水器电动机电路时，刮水片都能自动停止在风窗玻璃的下部而不影响驾驶员的视线。如图3-3所示，在直流电动机减速机构的蜗轮上嵌有铜环，此铜环分两个部分，其中面积较大的一片与电动机外壳相连接（搭铁）。

当把刮水器开关退回到R位时，如果刮水片没有停止到规定位置，触点B与铜环相接触，如图3-3（b）所示，则电流继续流入电枢，其电路为蓄电池正极→电源开关→熔断丝→电刷B_3→电枢绕组→电刷B_1→接线柱Ⅱ→接触片→接线柱Ⅰ→触点臂→触点B→铜环→搭铁→蓄电池负极，电动机仍以低速运转直至蜗轮旋转到图3-3（a）所示的特定位置，电路中断。由于电枢的运动惯性，电动机不能立即停止转动，此时电动机以发电机方式运行，其电路为：电刷B_3→触点臂→触点A→铜环→触点B→触点臂→接线柱Ⅰ→接触片→接线柱Ⅱ→电刷B_1→电枢绕组，形成回路。电枢绕组所产生的反电动势的方向与外加电压的方向相反，产生制动扭矩，电动机迅速停止转动，使刮水片复位到风窗玻璃的下部。

4. 刮水器间歇控制

当汽车在毛毛细雨或浓雾天行驶时，因风窗玻璃表面形成的是不连续水滴，所以如果刮水片仍按一定的速度连续刮拭，微量的水分和灰尘就会形成发黏的表面，使玻璃模糊不清，影响驾驶员的视线。因此，现代汽车刮水器都装有间歇控制系统，以使刮水器按一定的周期停止和刮水，

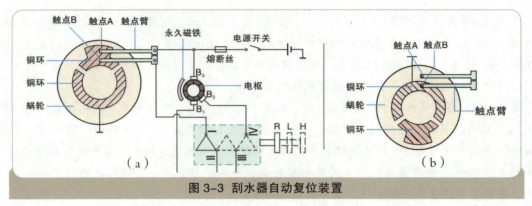

图 3-3 刮水器自动复位装置

（a）触点 A、触点 B 与铜环接触；（b）触点 B 与铜环接触

使驾驶员获得更好的视线。

电动刮水器的电子间歇控制按其间歇时间能否调节可分为可调式和不可调式两种。下面以同步振荡电路控制的间歇刮水器为例介绍其工作过程。

同步间歇刮水器控制电路如图 3-4 所示。当刮水器开关置"0"挡，且间歇开关闭合时，电流由蓄电池"+"→点火开关→熔断丝→复位开关常闭触点→电阻 R_6→电容 C→搭铁→蓄电池"−"，形成充电回路；使电容 C 两端电压上升，达一定值时，T_1 导通，T_2

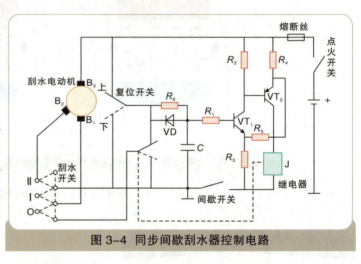

图 3-4 同步间歇刮水器控制电路

随之导通。继电器 J 中有电流通过，回路为：蓄电池"+"→点火开关→熔断丝→R_4→T_2→J→间歇开关→搭铁→蓄电池"−"；继电器磁化线圈通电使其常闭触点断开（实线位置），常开触点闭合（虚线位置），刮水器电动机电路被接通，回路为：蓄电池"+"→点火开关→熔断丝→公共电刷 B_3→电枢绕组→低速电刷 B_1→刮水开关"0"位→继电器常开触点→搭铁→蓄电池"−"，形成供电回路，使刮水器电动机低速工作。当复位开关常闭触点被复位装置顶开至常开位置时，电容 C→二极管 D→复位开关常开位置→搭铁；电容快速放电，一段时间后，VT_1 截止，VT_2 截止，继电器断电，其触点复位，但这时电动机仍运转，回路为：蓄电池"+"→点火开关→熔断丝→公共电刷 B_3→电枢→低速电刷 B_1→刮水开关"0"位→继电器常闭触点→复位开关常开触点→搭铁→蓄电池"−"。只有当复位开关常开触点被复位装置顶回至常闭位置时，电动机才停止。电容 C 再次充电，如此周而复始。

二、风窗洗涤器的组成及工作原理

1. 风窗洗涤器的组成

风窗洗涤器的作用是向风窗玻璃表面喷洒专用清洗液或水，在刮水片配合下，保持风窗表面洁净。

风窗洗涤器的结构如图3-5所示，主要由储液箱、洗涤泵、软管与喷嘴等组成。

储液箱由塑料制成，内装有用水、酒精或洗涤剂等配制的清洗液。洗涤泵俗称喷水电动机，由直流电动机和离心泵组成，其作用是将清洗液加压，通过软管和喷嘴喷洒到挡风玻璃表面。

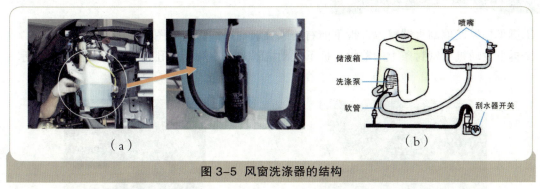

图3-5 风窗洗涤器的结构

（a）实物；（b）结构

2. 风窗洗涤器的工作原理

风窗洗涤器与刮水器配合工作，二者采用同一控制电路，如图3-6所示。

当前洗涤开关在ON挡时，挡风玻璃刮水器开关的A3端子与A2端子导通，经点火开关后的蓄电池电压→10 A清洗熔断丝→挡风玻璃清洗器电动机和泵总成→挡风玻璃刮水器开关的A3端子→前洗涤开关→挡风玻璃刮水器开关的A2端子→E1搭铁→蓄电池负极。此时洗涤电动机得电运转，位于发动机盖下的两个喷嘴向风窗玻璃喷射清洗液。当驾驶员松开控制手柄时，开关将自动复位回到OFF挡，挡风玻璃刮水器开关的A3端子与A2端子断开，切断洗涤泵的控制电路，洗涤电动机停止运转，喷嘴停止喷射清洗液。

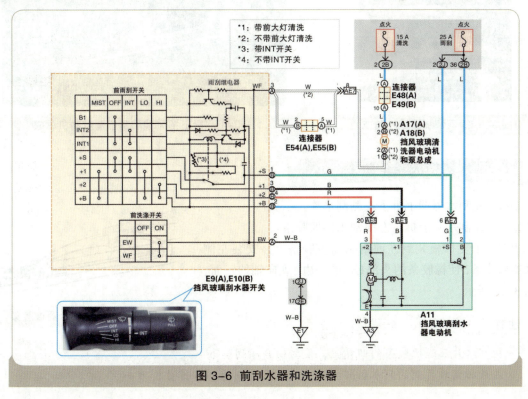

图3-6 前刮水器和洗涤器

三、刮水器电动机与雨刮片的更换

1. 刮水器电动机的拆装

①拆下挡风玻璃刮水器臂罩，拆下前右挡风玻璃刮水器臂，如图3-7所示。
②拆下发动机罩密封条上的罩板，拆下发动机罩左、右侧通风孔百叶窗，如图3-8所示。

图3-7 拆下前右挡风玻璃刮水器臂

图3-8 拆下发动机罩左、右侧通风孔百叶窗

③断开连接器，拆下2个螺栓，向车辆乘员侧滑动刮水器连接总成，松开橡皮销，拆下刮水器连接总成，如图3-9所示。
④用螺丝刀松开挡风玻璃刮水器电动机总成曲轴臂转轴上的2个销子，拆下挡风玻璃刮水器电动机总成，如图3-10所示。
⑤按与拆卸相反的顺序进行安装。

图3-9 拆下刮水器连接总成

图3-10 拆下挡风玻璃刮水器电动机总成

2. 刮水器橡胶条的拆装

①从前左刮水器臂上拆下左侧刮水片。
②从前左刮水片上拆下左前刮水器橡胶条。
③把2个支撑板装到左前刮水器橡胶条上，安装左侧刮水器橡胶条，使橡胶条的头部（长的一边）朝向轴的一面，如图3-11所示。

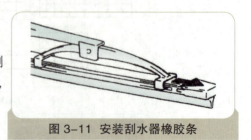
图3-11 安装刮水器橡胶条

> 注意
>
> ·把刮水片压进橡胶条的凹槽里，使之结合牢固。
> ·在放回驾驶员侧的刮水器臂之前，先把乘员侧的刮水器臂放回去。

四、电动刮水器故障检修

刮水器常见的故障有：刮水器不工作、个别挡位不工作、无法自动停位等。

（1）刮水器不工作

故障现象

接通点火开关后，无论将刮水器开关置于哪个挡位，刮水器均不工作。

故障原因

①熔断器断路；
②刮水器电动机或开关有故障；
③机械传动部分锈蚀或与电动机脱开；
④连接线路断路或插接件松脱。

检查刮水器电动机

诊断与排除：

刮水器不工作时可参照下列步骤进行诊断检查并视情况维修：
①检查熔断丝，应无断路，线路应无松脱；
②检查刮水器电动机及开关的电源线和搭铁线，应接触良好，没有断路；
③检查开关各个接线柱在相应挡位能否正常接通；
④检查电动机和机械连接情况。

检查刮水器开关

（2）个别挡位不工作

故障现象

接通点火开关后，刮水器个别挡位（低速、高速或间歇挡）不工作。

故障原因

①刮水器电动机或开关有故障；
②间歇继电器有故障；
③连接线路断路或插接件松脱。

诊断与排除

如果刮水器是高速挡或低速挡不工作，则可参照下列步骤进行诊断检查并视情况维修：
① 检查对应故障挡位的线路是否正常；
② 检查开关接线柱在相应挡位能否正常接通；
③ 检查电动机电刷是否个别接触不良。如果刮水器在间歇挡不工作，则应顺序检查间歇开关（或刮水器开关的间歇挡）、线路和间歇继电器。

（3）无法自动停位

故障现象

刮水器开关断开或在间歇挡工作时，刮水器不能自动停止在设定的位置。

故障原因

① 刮水器电动机自动停位机构损坏；
② 刮水器开关损坏；
③ 刮水器臂调整不当；
④ 线路连接错误。

诊断与排除

当刮水器不能自动停位时，可参照下列步骤进行诊断检查并视情况维修：
① 检查刮水器臂的安装及刮水器开关线路连接是否正确；
② 检查刮水器开关在相应挡位的接线柱能否正常接通；
③ 检查电动机自动停位机构触点能否正常闭合和接触良好。

五、风窗洗涤器的检修

风窗洗涤器的故障大都是由输液系统引起的，因此进行风窗洗涤器检修时应首先拆下泵体上的水管，然后使洗涤泵工作。如果洗涤泵能够喷出清洗液，则故障在输液系统。否则，按照下列步骤查找故障。

① 目测储液罐内的液体存储量，检查熔断丝和线路连接是否良好。
② 打开洗涤器开关，同时观察电动机。如果洗涤泵工作但不喷液，检查泵内有无堵塞，去除泵体内的任何异物；如果没有堵塞，则需更换洗涤泵。
③ 如果洗涤泵不运转，用电压表或试灯检查开关闭合时洗涤泵电动机上有无电压。若有电压，则用欧姆表检查搭铁回路，若搭铁回路良好，则需更换洗涤泵。
④ 在上一步中，若电动机无电压，则需沿线路向开关查找，检测开关工作是否正常。如果开关有电压输入，但无信号输出，则需更换开关。

任务二　电动车窗与滑动天窗

一、电动车窗的组成及工作原理

1. 电动车窗的组成

电动车窗又称电动门窗，驾驶员或乘员在座位上操纵控制开关，利用电动机驱动玻璃升降器实现车窗玻璃的升降。电动车窗主要由玻璃升降器、直流电动机、控制开关（主控开关、分控开关）等组成。

（1）玻璃升降器

常用的玻璃升降器有齿扇式和钢丝滚筒式两种，如图3-12所示。

齿扇式玻璃升降器：通过齿扇来实现换向，齿扇上安有螺旋弹簧，当车窗上升时，螺旋弹簧伸展，释放弹性能量，以减轻电动机负荷；当车窗下降时，螺旋弹簧收缩，吸收能量，从而使车窗无论是上升还是下降，电动机的负荷基本相同。

钢丝滚筒式玻璃升降器：在直流电动机前端安装有减速机构，其上安装一个绕有钢丝的滚筒，玻璃卡座固定在钢丝上且可在滑动支架上移动。

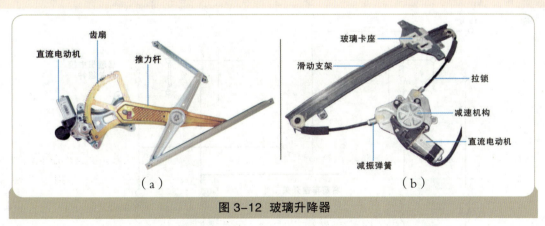

图3-12　玻璃升降器

（a）齿扇式玻璃升降器；（b）钢丝滚筒式玻璃升降器

（2）直流电动机

电动车窗上采用的电动机有永磁式和双绕组串励式两种。

采用永磁式电动机时，电动机不直接搭铁，电动机的搭铁受开关控制，通过改变电动机的电流方向改变电动机的转向，从而实现车窗的升降，控制电路如图3-13所示。

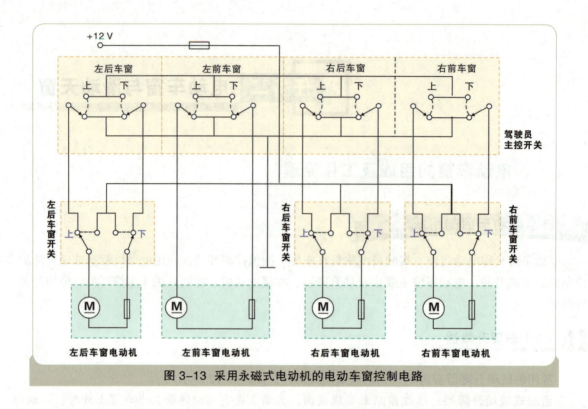

图 3-13 采用永磁式电动机的电动车窗控制电路

采用双绕组串励式电动机时,电动机一端直接搭铁,电动机有两绕组,通过接通不同的磁场绕组,使电动机的转向不同,实现车窗的升降,控制电路如图 3-14 所示。

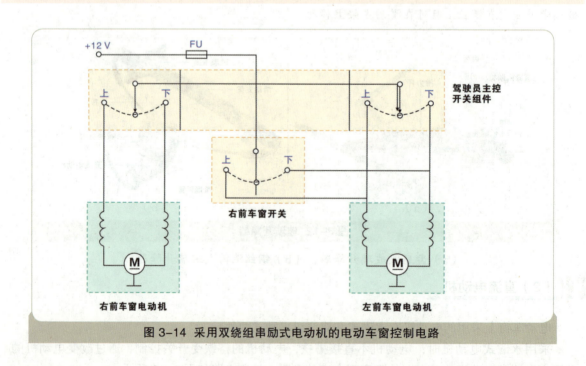

图 3-14 采用双绕组串励式电动机的电动车窗控制电路

（3）控制开关

所有车窗系统都有两套控制开关：一套为主控开关，安装在驾驶员侧车门扶手上或仪表板上（见图3-15），由驾驶员控制玻璃升降；另一套为分控开关，安装在乘员侧车窗中部（见图3-16），可由乘员操纵。主控开关上还安装有控制分开关的安全开关，如果断开它，分开关就不起作用。

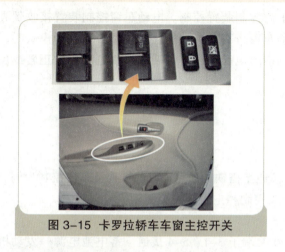

图3-15 卡罗拉轿车车窗主控开关

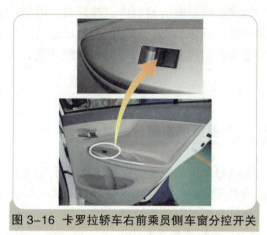

图3-16 卡罗拉轿车右前乘员侧车窗分控开关

2. 电动车窗的工作原理

图3-17所示为本田飞度轿车电动车窗控制系统线路。它采用永磁式直流电动机驱动车窗玻璃升降。

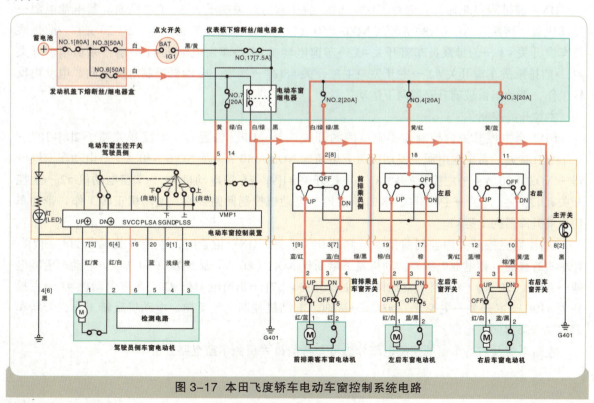

图3-17 本田飞度轿车电动车窗控制系统电路

当点火开关处于 IG1 位置时,电动车窗继电器线圈得电,吸合常开开关,接通蓄电池电源至各车窗控制电动机的线路。位于驾驶员侧的主控开关控制驾驶员侧车窗的动作,同时也能控制各车窗的动作。其他车窗控制开关只能控制相应的车窗动作。同时,驾驶员侧车窗具有自动升降功能。

(1)驾驶员侧车窗的控制

驾驶员侧车窗的控制由主控开关内的电动车窗控制装置控制。电动车窗控制装置接收驾驶员侧车窗的开关信号,控制电动机的运转。自动车窗带有防夹功能,当选择自动升降模式时,检测电路随时检测电动机控制电流的变化,并反馈给电动车窗控制装置控制电动机的正转或反转。

(2)乘员侧车窗的控制

乘员侧车窗的控制前提条件是主开关闭合,接通至搭铁的通路。以前排乘员车窗控制为例。前排乘员车窗的控制方式可分为前排乘员车窗开关控制和主控开关控制。

前排乘员车窗开关控制:

UP:当前排乘员车窗开关选择"UP"时,开关端子 3-1、5-4 接通。蓄电池电源→发动机盖下熔断丝 NO.1(80 A)及 NO.6(50 A)→电动车窗继电器→NO.2(20 A)→前排乘员车窗开关 #3 →前排乘员车窗开关 #1 →车窗电动机 #1 →车窗电动机 #2 →前排乘员车窗开关 #5 →前排乘员车窗开关 #4 →主开关→主控开关 #8[2] →接地。电动机控制回路接通,电动机正转工作,带动车窗玻璃升降器向上运动。

DN:前排乘员车窗开关选择"DN"时,前排乘员开关端子 3-5、1-2 接通。蓄电池电源→发动机盖下熔断丝 NO.1(80 A)及 NO.6(50 A)→电动车窗继电器→NO.2(20 A)→前排乘员车窗开关 #3 →前排乘员车窗开关 #5 →车窗电动机 #2 →车窗电动机 #1 →前排乘员车窗开关 #1 →前排乘员车窗开关 #2 →主开关→主控开关 #8[2] →接地。电动机控制电流反向,电动机反转工作,带动车窗玻璃升降器向下运动。

主控开关控制:

UP:当主控开关内控制前排乘员侧的开关选择"UP"位置时,主控开关端子 2[8]-1[9]、3[7]-8[2] 接通。蓄电池电源→发动机盖下熔断丝 NO.1(80 A)及 NO.6(50 A)→电动车窗继电器→NO.2(20 A)→主控开关 #2[8] →主控开关 #1[9] →车窗电动机 #1 →车窗电动机 #2 →主控开关 #3[7] →主开关→主控开关 #8[2] →接地。电动机控制回路接通,电动机正转工作,带动车窗玻璃升降器向上运动。

DN:当主控开关内控制前排乘员侧的开关选择"DN"位置时,主控开关端子 2[8]-3[7]、1[9]-8[2] 接通。蓄电池电源→发动机盖下熔断丝 NO.1(80 A)及 NO.6(50 A)→电动车窗继电器→NO.2(20 A)→主控开关 #2[8] →主控开关 #3[7] →车窗电动机 #2 →车窗电动机 #1 →主控开关 #1[9] →主开关→主控开关 #8[2] →接地。电动机控制电流反向,电动机反转工作,带动车窗玻璃升降器向下运动。

左后车窗及右后车窗的控制电路分析可参考前排乘员侧车窗电路分析。

二、电动车窗的故障检修

电动车窗常见故障有：所有车窗均不能升降，部分车窗不能升降或只能向一个方向运动，电动车窗有异响等。

（1）所有车窗均不能升降

故障现象

①熔断器断路。
②线路断路，接触不良。
③主控开关损坏。
④直流电动机损坏。
⑤搭铁点锈蚀、松动。

故障原因

①检查熔断丝是否断路。
②若熔断丝良好，则应将点火开关接通，检查点火开关接线柱上的电压是否正常，如电压为零，则应检查电源线路；若电压正常，则应检查搭铁线是否良好。
③若搭铁不良，则应清洁、紧固搭铁线；若搭铁良好，则应对主控开关、直流电动机进行检查。

（2）部分车窗不能升降或只能向一个方向运动

故障现象

①该车窗按键开关损坏。
②该车窗电动机损坏。
③连接导线断路。
④主控开关损坏。

故障原因

①检查主控开关中的安全开关是否正常，该车窗的按键开关工作是否正常。
②检查该车窗的电动机正反转是否运转稳定。
③检查连接导线。
④若车窗只能向一个方向运动，一般是按键开关故障或部分线路断路或接错，可以先检查线路连接是否正常，再检修开关。

（3）电动车窗有异响

故障现象

①传动机构调整不当。
②卷丝筒内铜丝绳脱槽。
③电动机盖板或固定架与车窗玻璃碰擦。

故障原因

①检查调整各部件连接情况。
②检查调整钢丝绳的位置。
③检查安装支架弧度是否正确。

三、车窗升降器总成的拆装

玻璃升降器的更换

1. 拆解

①拧下车窗玻璃开关的紧固螺钉，如图3-18所示。
②取出车窗玻璃开关总成，并断开其线束插头，如图3-19所示。
③拧下车门内拉手的固定螺钉，如图3-20所示。

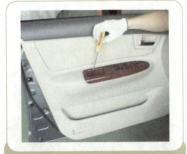

图3-18 拧下车窗玻璃开关的紧固螺钉

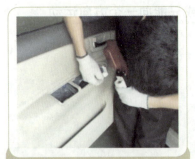

图3-19 取出车窗玻璃开关总成，并断开其线束插头

图3-20 拧下车门内拉手的固定螺钉

④取下车门护板总成。
⑤拆下车门内拉手，如图3-21所示。
⑥拆下车门护板支撑架，取下车门保护垫。
⑦将玻璃升降开关与线束重新连接好，然后将门窗玻璃升到相应位置。
⑧拧下车窗玻璃升降器与车门的紧固螺钉，如图3-22所示，取出车窗玻璃。
⑨断开车窗玻璃升降器线束插头，如图3-23所示。

图 3-21 拆下车门内拉手

图 3-22 拧下车窗玻璃升降器与车门的紧固螺钉

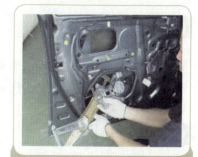

图 3-23 断开车窗玻璃升降器线束插头

⑩取出车窗玻璃升降器,如图 3-24 所示。

2. 安装

按与拆卸相反的顺序进行安装。

🔵 注意

安装、调整完成后,应确保车窗玻璃能平稳、顺利地上升或下降。

图 3-24 取出车窗玻璃升降器

四、滑动天窗的组成及工作原理

1. 滑动天窗的组成

现在越来越多的中高档轿车都装备有电动天窗。汽车电动天窗是依靠汽车在行驶过程中气流在汽车顶部的快速流动,有效地使车内空气流通,增加新鲜空气进入,使驾驶员和乘员更加健康、舒适。

电动天窗主要由天窗电动机、控制开关、限位开关及天窗控制模块等组成,如图 3-25 所示。

图 3-25 滑动天窗

（1）天窗电动机

天窗电动机通过传动装置向天窗的开闭提供动力，能双向转动，即通过改变电流的方向来改变电动机的旋转方向，实现天窗的开闭。

（2）控制开关

控制开关主要包括滑动开关和斜升开关。滑动开关有滑动打开、滑动关闭和断开（中间位置）3个挡位。斜升开关有斜升、斜降和断开（中间位置）3个挡位。通过操作这些开关，来实现天窗驱动机构的电动机正反转，从而在不同状态下正常工作。

（3）限位开关

限位开关主要是用来检测天窗所处的位置。限位开关靠凸轮转动实现断开和闭合。凸轮安装在驱动机构的动力输出端。电动机输出动力时，通过驱动齿轮和滑动螺杆减速带动凸轮转动，于是凸轮周边的凸起部位触动开关使其开闭，实现对天窗的自动控制。

（4）控制模块

控制模块是一个数字控制电路，设有定时器、蜂鸣器和继电器等，其作用是接受开关输入的信息，通过数字电路进行逻辑运算，确定继电器的动作，控制天窗开闭。

2. 滑动天窗的控制电路

滑动天窗的控制电路如图3-26所示。

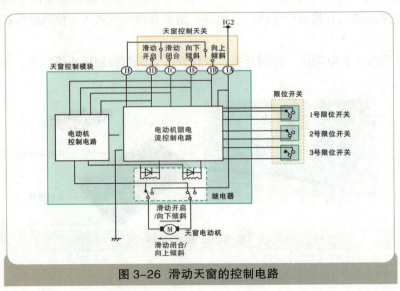

图3-26 滑动天窗的控制电路

①**天窗打开**：当接通点火开关且将天窗开关按至"OPEN"位置时，信号从天窗开关输送到天窗控制模块，此时天窗2号限位开关接通，继电器工作，电动机转动，打开天窗。

②**天窗关闭**：接通点火开关，天窗打开且1号限位开关和2号限位开关均接通时，将天窗开关按至"CLOSE"位置，信号从天窗开关送到天窗控制模块，继电器工作，电动机转动，天窗关闭。

③**向上倾斜**：接通点火开关，天窗关闭，当天窗开关按在向上倾斜位置时，信号从天窗开关输送到天窗控制模块，继电器工作，电动机转动，天窗向上倾斜。

④**向下倾斜**：接通点火开关，1号限位开关和2号限位开关均断开，当天窗开关按在向下倾斜位置时，信号从天窗控制开关输送给天窗模块，继电器工作，电动机转动，天窗下倾。

⑤**倾斜提示系统**：天窗处于向上倾斜状态时，若将点火开关从ON挡转至ACC挡或OFF挡，则天窗控制模块接通蜂鸣器，蜂鸣器响起以提醒驾驶员天窗处于倾斜状态。

五、滑动天窗的故障检修

天窗出现最多的故障是机械故障，特别是漏水故障。当天窗出现电气故障而无法电控关窗时，大多数厂家均有应急关闭天窗的方式。例如：大众公司的车辆，在天窗开关面板附近的顶棚内放置有内六角摇把，可以用于手动强制关闭天窗。

检查发动机舱盖、行李舱盖、车门、车窗、天窗和中控锁的状况

（1）天窗出现漏水故障

当天窗出现漏水故障时，应检查天窗排水孔和滑轨附近是否有杂物。设计时已经考虑到了天窗的防水要求，在天窗的四周布置有导水槽，四角设计了出水口。排水管隐藏在车身A柱内，A柱底端安装有排水口见图3-27红色区域。如果天窗周围的排水管被沙土或树叶堵塞了，水则无法顺利排出，必然会向车内泄漏。

图3-27 天窗排水道

（2）天窗出现运动缓慢或无法向某方向运动

当天窗出现运动缓慢或无法向某方向运动时，首先应排查机械方面的原因，例如是否因滑轨积尘过多导致电动机工作阻力过大或是滑槽生锈，如是，应清理和涂抹润滑油，如图3-28所示。

必要时应对电动机进行初始化操作。避免因长时间按压操纵开关导致电动机过热，损坏电动机。

图3-28 天窗滑槽涂抹润滑油

课题三 汽车辅助电气

六、滑动天窗总成的拆装

工具：一字螺丝刀、梅花起子、鲤鱼钳、塑料撬棒、8～12号扳手。

注意

拆装前必须断开蓄电池，以免在拆卸的过程中出现短路。

拆卸天窗组件前需要先拆卸如图3-29所示的内车顶拉手、阅读灯、后视镜支架和吸顶显示屏。

图3-29 拆卸天窗组件

步骤一

拆卸车顶拉手。用一字螺丝刀撬开如图3-30所示的车顶拉手盖子，使用工具分别拧下两颗螺丝，取下车顶拉手。

步骤二

拆卸遮阳板。如图3-31所示，将遮阳板上几颗螺丝分别拆下并取下遮阳板。

注意

主、副驾驶位的遮阳板都需要拆卸。

图3-30 车顶拉手盖子

图3-31 遮阳板螺丝位置

步骤三

拆卸阅读灯。先用塑料撬棒将如图3-32所示的阅读灯盖子撬开并取下，取下盖子后的阅读灯组件如图3-33所示，由于阅读灯由3颗螺丝固定在车顶，因此拆下3颗螺丝即可取下阅读灯。

注意

在阅读灯的拆装过程中，不能使用蛮力，以免损坏阅读灯。

图 3-32 阅读灯盖子

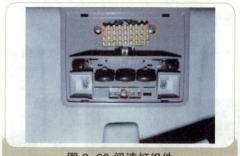
图 3-33 阅读灯组件

步骤四

取下阅读灯总成，断开线缆接头，拆卸后视镜支架，如图 3-34 所示。

图 3-34 阅读灯总成与后视镜支架

步骤五

拆卸顶棚。顶棚通过塑料卡子与车顶紧固，拆卸时将顶棚向外拉，分离卡子与车顶连接，如图 3-35 所示。

步骤六

拆卸汽车 B 柱上的挡板。挡板是由卡子卡紧的，如图 3-36 所示。拆卸挡板时只需要将其往外拉即可取下。取下挡板后整个顶棚就可以取下了。

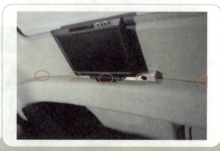
图 3-35 顶棚的拆卸

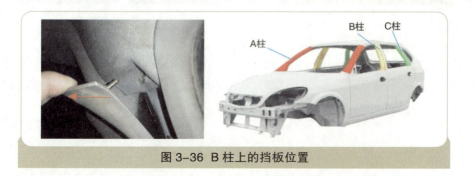
图 3-36 B 柱上的挡板位置

步骤七

接下来,使用工具将天窗上的6颗螺帽以及4个排水管拆下,如图3-37所示。

图3-37 拆卸天窗固定螺帽与排水管

步骤八

拆卸天窗电动机护板。使用8～10号扳手分别将3颗螺帽拧松,取下电动机总成并拆下连接线束,如图3-38所示。

图3-38 拆卸天窗电动机护板

步骤九

取下天窗总成,如图3-39所示。注意:取下天窗总成时,应2人同时操作,以免损坏天窗。

图3-39 天窗总成

任务三 电动后视镜

一、电动后视镜的组成及工作原理

1. 电动后视镜的组成

后视镜用来反映车辆后方、侧方和下方的情况，可以开阔驾驶员的视野。后视镜分外后视镜和内后视镜，这里的后视镜指外后视镜。

电动后视镜由直流电动机、连接机构等组成，实物及安装位置如图3-40所示。

在左右两个后视镜的背后各装有两套永磁电动机驱动系统，其中一套电动机控制后视镜的上下运动；另一套电动机控制后视镜的左右运动。后视镜的运动方向受开关控制，开关位于不同的位置，流经电动机的电流方向就不同，电动机的转动方向就不同。

图3-40 电动后视镜实物及安装位置

（a）实物；（b）安装位置

2. 电动后视镜的工作原理

图3-41所示为卡罗拉电动后视镜电路，当点火开关处于ACC挡时，蓄电池电压通过一系列熔断丝供电给电动后视镜电路，操作外后视镜开关的上/下、左/右键，控制后视镜电动机做相应动作，从而带动车外后视镜上下或左右运动。

左、右后视镜的动作基本相同，下面以左后视镜的运动为例做分析。

选择车外后视镜开关中的选择开关"L"。

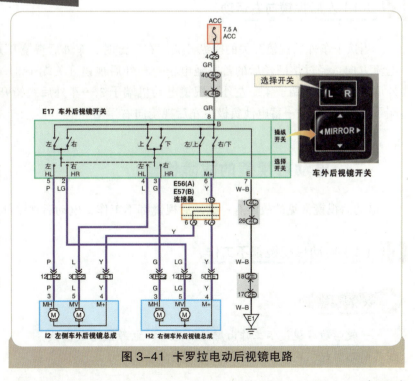

图3-41 卡罗拉电动后视镜电路

(1) 左后视镜向上运动

当按下车外后视镜开关的操纵开关"上"键时，车外后视镜开关端子8-4接通，6-7接通，电流方向为：经过熔断丝后的蓄电池电压→车外后视镜开关端子8→车外后视镜开关端子4→左外后视镜电动机端子5→左外后视镜电动机端子4→车外后视镜开关端子6→车外后视镜开关端子7→E1搭铁→蓄电池负极，左后视镜向上运动。

(2) 左后视镜向下运动

当按下车外后视镜开关的操纵开关"下"键时，车外后视镜开关端子8-6接通，3-7接通，电流方向：经过熔断丝后的蓄电池电压→车外后视镜开关端子8→车外后视镜开关端子6→左外后视镜电动机端子4→左外后视镜电动机端子5→车外后视镜开关端子4→车外后视镜开关端子7→E1搭铁→蓄电池负极，左后视镜向下运动。

(3) 左后视镜向左运动

当按下车外后视镜开关的操纵开关"左"键时，车外后视镜开关端子8-5接通，6-7接通，电流方向：经过熔断丝后的蓄电池电压→车外后视镜开关端子8→车外后视镜开关端子5→左外后视镜电动机端子3→左外后视镜电动机端子4→车外后视镜开关端子6→车外后视镜开关端子7→E1搭铁→蓄电池负极，左后视镜向左运动。

(4) 左后视镜向右运动

当按下车外后视镜开关的操纵开关"右"键时，车外后视镜开关端子8-6接通，5-7接通，电流方向：经过熔断丝后的蓄电池电压→车外后视镜开关端子8→车外后视镜开关端子6→左外后视镜电动机端子4→左外后视镜电动机端子3→车外后视镜开关端子5→车外后视镜开关端子7→E1搭铁→蓄电池负极，左后视镜向右运动。

二、电动后视镜的故障检修

电动后视镜常见的故障有：电动后视镜都不工作，电动后视镜部分功能不正常。

(1) 电动后视镜都不工作

故障原因

一般电动后视镜不工作由熔断丝熔断、电源线路或搭铁线路断路引起，也可能是控制开关有故障。

电动后视镜电机的检查与拆装

> **维修思路**
>
> ①检查熔断丝是否正常。
> ②检查控制开关线头有无脱落、松动,电源线路或搭铁线路是否正常。
> ③检查控制开关各接点通断情况。

(2) 电动后视镜部分功能不正常

> **故障原因**
>
> 电动后视镜部分功能不正常可能由线路断路引起,也可能由控制开关或电动机有故障引起。

> **维修思路**
>
> ①检查线路的连接情况。
> ②检查开关。
> ③检查电动机。

任务四 电动座椅

一、电动座椅的组成

为了提高汽车乘坐的舒适性，减轻驾驶或长时间乘车的疲劳，现代轿车都安装有电动座椅调整装置。

电动座椅由座椅开关、电动机、传动装置等组成。一般电动座椅使用三个电动机实现座椅六个不同方向的调节，即前、后、上、下、前倾、后倾如图 3-42 所示。现代轿车调节功能增多，出现了可对座椅前后滑动调节、座椅垂直调节、后垂直调节、靠背调节、腰部支撑调节、头枕调节等功能。调节装置及其在座椅上的布置如图 3-43 所示。

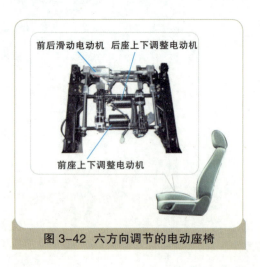

图 3-42 六方向调节的电动座椅

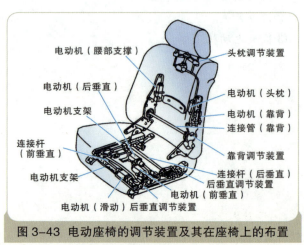

图 3-43 电动座椅的调节装置及其在座椅上的布置

二、电动座椅的工作原理

1. 基本工作原理

图 3-44 所示为丰田凯美瑞驾驶员电动座椅的调节电路。凯美瑞驾驶员座椅带有 8 项电动调节功能，并且带有 2 项电动调节的腰部支撑，其工作原理如下：

（1）驾驶员座椅前后滑动调节

当按下座椅向前滑动键时，驾驶员座椅调节开关 U7 的 1-9 脚接通、6-4 脚接通，蓄电池电压→30 A 乘员座椅熔断丝→驾驶员座椅调节开关 1 脚→驾驶员座椅调节开关 9 脚→座椅前后滑

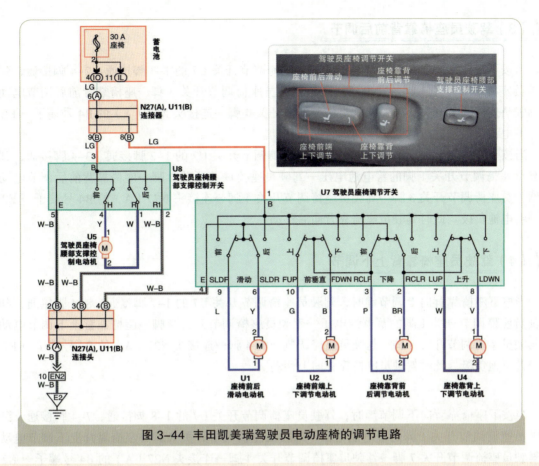

图 3-44 丰田凯美瑞驾驶员电动座椅的调节电路

动电动机→驾驶员座椅调节开关 6 脚→驾驶员座椅调节开关 4 脚→连接头 N27（A）的 B4 号端子→E2 搭铁→蓄电池负极。此时驾驶员座椅向前滑动。

当按下座椅向后滑动键时，驾驶员座椅调节开关 U7 的 1-6 脚接通、9-4 脚接通，到达驾驶员座椅调节开关 1 脚的蓄电池电压→驾驶员座椅调节开关 6 脚→座椅前后滑动电动机→驾驶员座椅调节开关 9 脚→驾驶员座椅调节开关 4 脚→连接头 N27（A）的 B4 号端子→E2 搭铁→蓄电池负极。此时驾驶员座椅向后滑动。

（2）驾驶员座椅前端上下调节

当按下座椅前端向上调节键时，驾驶员座椅调节开关 U7 的 1-10 脚接通、5-4 脚接通，到达驾驶员座椅调节开关 1 脚的蓄电池电压→驾驶员座椅调节开关 10 脚→座椅前端上下调节电动机→驾驶员座椅调节开关 5 脚→驾驶员座椅调节开关 4 脚→连接头 N27（A）的 B4 号端子→E2 搭铁→蓄电池负极。此时驾驶员座椅前端向上移动。

当按下座椅前端向下调节键时，驾驶员座椅调节开关 U7 的 1-5 脚接通、10-4 脚接通，到达驾驶员座椅调节开关 1 脚的蓄电池电压→驾驶员座椅调节开关 5 脚→座椅前端上下调节电动机→驾驶员座椅调节开关 10 脚→驾驶员座椅调节开关 4 脚→连接头 N27（A）的 B4 号端子→E2 搭铁→蓄电池负极。此时驾驶员座椅前端向下移动。

(3)驾驶员座椅靠背前后调节

当按下座椅靠背向前调节键时,驾驶员座椅调节开关 U7 的 1-3 脚接通、2-4 脚接通,到达驾驶员座椅调节开关 1 脚的蓄电池电压→驾驶员座椅调节开关 3 脚→座椅靠背前后调节电动机→驾驶员座椅调节开关 2 脚→驾驶员座椅调节开关 4 脚→连接头 N27(A)的 B4 号端子→E2 搭铁→蓄电池负极。此时驾驶员座椅靠背向前移动。

当按下座椅靠背向后调节键时,驾驶员座椅调节开关 U7 的 1-2 脚接通、3-4 脚接通,到达驾驶员座椅调节开关 1 脚的蓄电池电压→驾驶员座椅调节开关 2 脚→座椅靠背前后调节电动机→驾驶员座椅调节开关 3 脚→驾驶员座椅调节开关 4 脚→连接头 N27(A)的 B4 号端子→E2 搭铁→蓄电池负极。此时驾驶员座椅靠背向后移动。

(4)驾驶员座椅靠背上下调节

当按下座椅靠背向上调节键时,驾驶员座椅调节开关 U7 的 1-7 脚接通、8-4 脚接通,到达驾驶员座椅调节开关 1 脚的蓄电池电压→驾驶员座椅调节开关 7 脚→座椅靠背上下调节电动机→驾驶员座椅调节开关 8 脚→驾驶员座椅调节开关 4 脚→连接头 N27(A)的 B4 号端子→E2 搭铁→蓄电池负极。此时驾驶员座椅靠背向上移动。

当按下座椅靠背向下调节键时,驾驶员座椅调节开关 U7 的 1-8 脚接通、7-4 脚接通,到达驾驶员座椅调节开关 1 脚的蓄电池电压→驾驶员座椅调节开关 8 脚→座椅靠背上下调节电动机→驾驶员座椅调节开关 7 脚→驾驶员座椅调节开关 4 脚→连接头 N27(A)的 B4 号端子→E2 搭铁→蓄电池负极。此时驾驶员座椅靠背向下移动。

(5)驾驶员座椅腰部支撑控制

当按下驾驶员座椅腰部支撑控制向前调节键时,驾驶员座椅腰部支撑控制开关 3-4 脚接通、1-2 脚接通。蓄电池电压→30 A 乘员座椅熔断丝→驾驶员座椅腰部支撑控制开关 3 脚→驾驶员座椅腰部支撑控制开关 4 脚→驾驶员座椅腰部支撑控制电动机→驾驶员座椅腰部支撑控制开关 1 脚→驾驶员座椅腰部支撑控制开关 2 脚→连接头 N27(A)的 B3 号端子→E2 搭铁→蓄电池负极。此时驾驶员座椅腰部支撑向前移动。

当按下驾驶员座椅腰部支撑控制向后调节键时,驾驶员座椅腰部支撑控制开关 3-1 脚接通、3-5 脚接通。蓄电池电压→30 A 乘员座椅熔断丝→驾驶员座椅腰部支撑控制开关 3 脚→驾驶员座椅腰部支撑控制开关 1 脚→驾驶员座椅腰部支撑控制电动机→驾驶员座椅腰部支撑控制开关 4 脚→驾驶员座椅腰部支撑控制开关 5 脚→连接头 N27(A)的 B2 号端子→E2 搭铁→蓄电池负极。此时驾驶员座椅腰部支撑向后移动。

2. 带储存功能电动座椅的工作原理

带存储功能的电动座椅系统采用存储器，具有记忆功能。当按下记忆按钮时，它能够将设定的座椅调节位置进行记录，使用时只要按指定的按键开关，座椅就会自动地调节到预先设定的座椅位置上。

带记忆功能电动座椅系统控制示意图如图 3-45 所示。

带记忆功能电动座椅系统主要由传感器、电控部分和执行器等组成，四个位置传感器用来检测座椅的设定位置。当座椅位置设定后，驾驶员按下存储器的按钮，单片微型计算机就把这些电压信号记忆在存储器中，作为重新调整位置时的基准。使用时，只要按下按钮，就能按存储的座椅位置要求调整座椅位置。

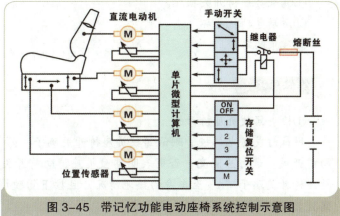

图 3-45　带记忆功能电动座椅系统控制示意图

三、电动座椅的故障检修

电动座椅最常见的故障是：座椅不能前后运动，不能上升、下降，背部支撑不动作等。下面以凯美瑞电动座椅电路为例，对电动座椅故障进行检修。

检测电动座椅

（1）驾驶员座椅不动作

故障原因

①座椅熔断丝熔断。
②搭铁点松落。
③线束断路。

维修思路

①检查控制电路的供电。

用万用表测量连接头 N27 A6 端子（正极）与车身接地点（负极）的电压，正常值应为 12 V（蓄电池电压），否则应检查蓄电池电压、30 A 座椅熔断丝以及蓄电池至熔断丝间线束是否断路。

②检查控制电路的搭铁。

用电阻表检查 N27 A5 端子与搭铁点"E2"之间是否导通，正常情况应导通，否则检查连接头 N27 及搭铁点"E2"的连接是否牢固。

③检查连接头。

用电阻表检查连接头 N27 A6 端子与 B8、B9 之间是否导通，正常情况时应导通，否则应更换连接头 N27。

（2）电动座椅不能向前或向后移动

故障原因

①驾驶员座椅开关损坏。
②滑动电动机损坏。
③线束断路等。

维修思路

①检查驾驶员座椅开关。

用试灯或发光二极管测试驾驶员座椅开关端子"9"至车身的接地情况，且按下驾驶员座椅向前开关，试灯应点亮，否则表明驾驶员座椅向前开关损坏，应更换；然后，用试灯检查驾驶员座椅开关端子"6"至车身的接地情况，且按下驾驶员座椅向后开关，试灯应点亮，否则表明驾驶员座椅向后开关损坏，应更换。

②检查连接线束。

用万用表检查驾驶员座椅调节开关端子"9"至座椅滑动电动机端子"1"、驾驶员座椅调节开关端子"6"至座椅滑动电动机端子"2"之间的线束导通情况，如不导通，则说明线束断路或与端子连接不良，应更换或检修。

③检查滑动电动机。

用试灯检查滑动电动机接插件端子"1"至"2"，且分别按下座椅调节向前/向后开关，试灯应分别点亮，否则说明接插件接触不良或滑动电动机损坏，应检修或更换。

（3）电动座椅不能升降

故障原因

①驾驶员座椅开关损坏。
②升降电动机损坏。
③线束断路等。

维修思路

①检查驾驶员座椅开关。

用试灯或发光二极管测试驾驶员座椅开关端子"10"至车身的接地情况，且按下驾驶员座椅上升开关，试灯应点亮，否则表明驾驶员座椅上升开关损坏，应更换；然后，用试灯检查驾驶员座椅开关端子"5"至车身的接地情况，且按下驾驶员座椅下降开关，试灯应点亮，否则表明驾驶员座椅下降开关损坏，应更换。

②检查连接线束。

用万用表检查驾驶员座椅调节开关端子"10"至座椅升降电动机端子"1"、驾驶员座椅调节开关端子"5"至座椅升降电动机端子"2"之间的线束导通情况，如不导通，则说明线束断路或与端子连接不良，应更换或检修。

③检查前升降电动机。

用试灯检查升降电动机接插件端子"1""2"，且分别按下座椅调节向下/向上开关，应分别点亮，否则表明接插件接触不良或前升降电动机损坏，应检修或更换。

（4）电动座椅靠背不能前后调节

故障原因

①驾驶员座椅开关损坏。
②靠背前后电动机损坏。
③线束断路等。

维修思路

①检查驾驶员座椅开关。

用试灯或发光二极管测试驾驶员座椅开关端子"3"至车身的接地情况，且按下驾驶员座椅靠背向前开关，试灯应点亮，否则表明驾驶员座椅靠背向前调节开关损坏，应更换；然后，用试灯检查驾驶员座椅开关端子"2"至车身的接地情况，且按下驾驶员座椅靠背向后开关，试灯应点亮，否则表明驾驶员座椅靠背向后调节开关损坏，应更换。

②检查连接线束。

用万用表检查驾驶员座椅调节开关端子"3"至座椅靠背前后调节电动机端子"2"、驾驶员座椅调节开关端子"2"至座椅靠背前后调节电动机端子"1"之间的线束导通情况，如不导通，则说明线束断路或与端子连接不良，应更换或检修。

③检查靠背前后电动机。

用试灯检查靠背前后电动机接插件端子"1""2"，且分别按下座椅调节向后/向前开关，应分别点亮，否则表明接插件接触不良或靠背前后电动机损坏，应检修或更换。

（5）电动座椅靠背不能上下调节

故障原因

①驾驶员座椅开关损坏。
②靠背上下电动机损坏。
③线束断路等。

维修思路

①检查驾驶员座椅开关。

用试灯或发光二极管测试驾驶员座椅开关端子"7"至车身的接地情况，且按下驾驶员座椅靠背向上开关，试灯应点亮，否则表明驾驶员座椅靠背向上调节开关损坏，应更换；然后，用试灯检查驾驶员座椅开关端子"8"至车身的接地情况，且按下驾驶员座椅靠背向下开关，试灯应点亮，否则表明驾驶员座椅靠背向下调节开关损坏，应更换。

②检查连接线束。

用万用表检查驾驶员座椅调节开关端子"7"至座椅靠背调节电动机端子"2"、驾驶员座椅调节开关端子"8"至座椅靠背上下调节电动机端子"1"之间的线束导通情况，如不导通，则说明线束断路或与端子连接不良，应更换或检修。

③检查靠背上下电动机。

用试灯检查靠背前后电动机接插件端子"1""2"，且分别按下座椅调节向上/向下开关，应分别点亮，否则表明接插件接触不良或前靠背上下电动机损坏，应检修或更换。

（6）电动座椅腰部支撑不能调节

故障原因

①驾驶员座椅腰部支撑控制开关损坏。
②驾驶员座椅腰部支撑电动机损坏。
③线束断路等。

维修思路

①检查驾驶员座椅腰部支撑控制开关。

用试灯或发光二极管测试驾驶员座椅腰部支撑控制开关端子"4"至车身的接地情况，且按下驾驶员座椅腰部支撑向前开关，试灯应点亮，否则表明驾驶员座椅腰部支撑向前开关损坏，应更换；然后，用试灯检查座椅腰部支撑控制开关端子"1"至车身的接地情况，且按下驾驶员座椅腰部支撑向后开关，试灯应点亮，否则表明驾驶员座椅腰部支撑向后开关损坏，应更换。

②检查连接线束。

用万用表检查驾驶员座椅腰部支撑控制开关端子"1"至座椅腰部支撑调节电动机端子"2"、驾驶员座椅腰部支撑控制开关端子"4"至座椅靠背调节电动机端子"1"之间的线束导通情况，如不导通，则说明线束断路或与端子连接不良，应更换或检修。

③检查驾驶员座椅腰部支撑电动机。

用试灯检查驾驶员座椅腰部支撑电动机接插件端子"1""2"，且分别按下座椅腰部支撑向前/向后开关，应分别点亮，否则表明接插件接触不良或驾驶员座椅腰部支撑电动机损坏，应检修或更换。

任务五 门锁及中控系统

一、汽车中控门锁的结构

1. 汽车电控门锁的结构

汽车电控门锁系统主要由控制开关、门锁控制器和门锁执行机构等组成。

（1）控制开关

控制开关主要有：门锁控制开关、钥匙控制开关、行李厢门开启器开关、门锁开关等。

1) 门锁控制开关

门锁控制开关安装在前左门和右门的扶手上，如图3-46所示。将开关推向前门是锁门，推向后门是开门。

2) 钥匙控制开关

钥匙控制开关安装在每个前门的钥匙门上，如图3-47所示。当从外面用钥匙开门和关门时，钥匙控制开关便发送开门或锁门的信号给门锁ECU。

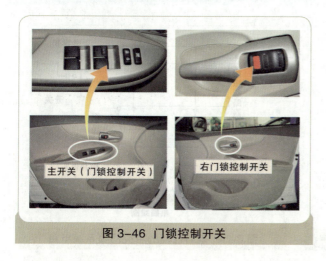

图3-46 门锁控制开关

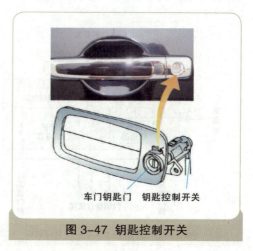

图3-47 钥匙控制开关

3）行李厢门开启器开关

行李厢门开启器开关用来开启行李厢，拉动此开关便能打开行李厢。图3-48所示为丰田卡罗拉轿车行李厢门开启器开关。

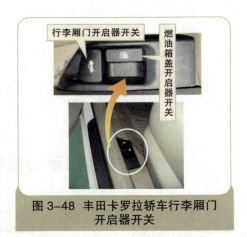

图3-48 丰田卡罗拉轿车行李厢门开启器开关

4）门锁开关

门锁开关用于检测车门的开闭情况。当车门关闭时，门锁开关断开；当车门开启时，门锁开关接通。

（2）门锁控制器

门锁控制器为门锁执行机构提供开锁和闭锁脉冲电流，有晶体管式门锁控制器、电容式门锁控制器和车速感应式门锁控制器。

1）晶体管式门锁控制器

门锁控制器内部设有闭锁和开锁两个继电器，由晶体管开关电路控制，利用电容器的充放电过程，控制一定的脉冲电流持续时间，使门锁执行机构完成闭锁和开锁动作，如图3-49所示。

2）电容式门锁控制器

电容控制的中央门锁系统利用充足电的电容器，在工作时继电器串联接入电容器的放电回路，使其触点短时间闭合。当正向或反向转动车门钥匙时，相应的电路开关（闭锁或开锁）接通，电容器放电电流通过继电器线圈（开锁或闭锁继电器）搭铁，线圈产生电磁吸力，触点闭合，接通执行机构电磁线圈的电路，完成闭锁或开锁的动作。当电容器放电完毕后，继电器触点打开，中央门锁系统停止工作。此时另一只电容器被充电，为下一次操纵做好准备，如图3-50所示。

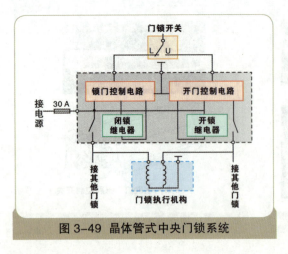

图3-49 晶体管式中央门锁系统

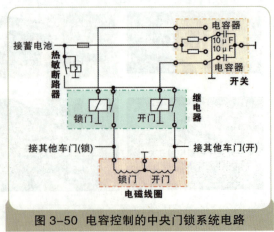

图3-50 电容控制的中央门锁系统电路

3）车速感应式门锁控制器

在中央门锁系统中加装一车速（10 km/h）感应开关，当汽车行驶速度达10 km/h以上时，若车门未闭锁，则不需要驾驶员操纵，门锁控制器将自动关闭。每个门可单独进行锁门。车速感应式中央门锁系统电路如图3-51所示。

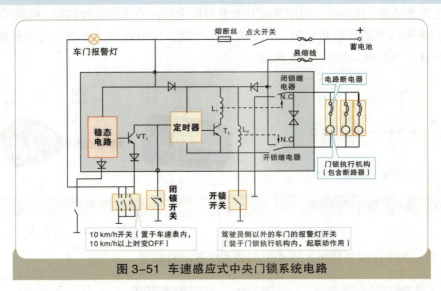

图3-51 车速感应式中央门锁系统电路

（3）执行机构

汽车电控门锁的执行机构一般采用电磁铁或电动机控制。

1）电磁铁式门锁执行机构

图3-52所示为一种双线圈式门锁执行机构。当给锁门线圈通电时，衔铁带动连杆左移，即锁门；当给开门线圈通电时，衔铁带动连杆右移，即开锁。

2）电动机式门锁执行机构

电动机式门锁执行机构如图3-53所示，由双向永磁电动机以及齿轮和齿条等组成。电动机旋转带动齿条伸出或缩回完成开锁和闭锁动作。

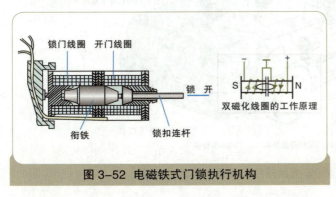

图3-52 电磁铁式门锁执行机构

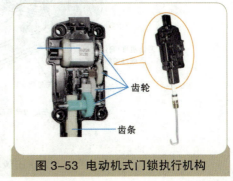

图3-53 电动机式门锁执行机构

2. 汽车遥控车门的组成

遥控门锁系统的作用是不使用钥匙，利用遥控器在一定距离内完成车门的打开及锁闭。遥控门锁系统不但能控制驾驶员侧车门，还可控制其他车门和行李厢门。遥控门锁系统由发射器、接收器及执行元件等组成，如图 3-54 所示。

发射器也称遥控器。其作用是利用发射开关发射规定代码的无线遥控信号，控制驾驶员侧车门、其他车门、行李厢门等的开启和锁闭，且具有寻车功能。发射器分为组合型（发射器与点火钥匙合二为一）和分开型两种，如图 3-55 所示。

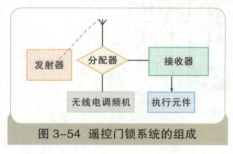

图 3-54 遥控门锁系统的组成

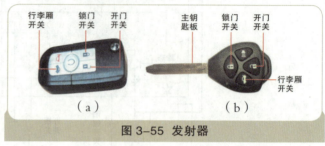

图 3-55 发射器

（a）分开型；（b）组合型

图 3-56 所示为丰田威驰轿车无线遥控门锁系统零部件位置。

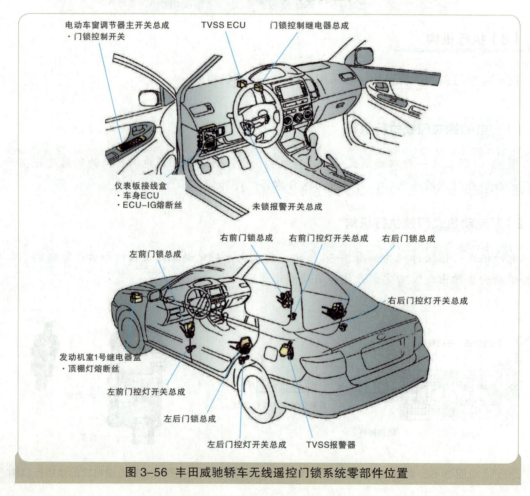

图 3-56 丰田威驰轿车无线遥控门锁系统零部件位置

二、汽车中控门锁的工作原理

1. 电控门锁的工作原理

（1）电控门锁电路

电控门锁的作用是通过电磁铁机构或电动机式机构来打开及锁定车门锁。电控门锁电路由门锁执行机构及联动机构、门锁控制开关、门锁控制继电器等主要部分组成。目前，高档车一般采用的是自动锁门式，它可以在手动控制门锁开闭的基础上，根据汽车车速自动锁死车门。

图3-57所示为一种电控门锁电路。驾驶员或乘员利用门锁开关可以接通或断开门锁继电器。门锁继电器包括锁定和开锁两个继电器。

当门锁开关都不接通时，所有电动机两端都通过继电器直接搭铁，电动机不转动。

当门锁开关接通（开锁或锁定）时，一个继电器通电，使电动机一端不再搭铁而与电源接通。不同的继电器工作，可以改变电动机中电流的方向，使门锁电动机的转向改变，实现开锁和锁定。具体工作原理如下：

当开关置于开锁位置时，开锁继电器线圈得电，继电器常开触点闭合，常闭触点断开，电动机一端经该触点与电源接通，另一端经锁定继电器常闭触点接地，电动机转动，打开门锁。

当开关置于锁定位置时，电源通过门锁开关给锁定继电器线圈供电，继电器常开触点闭合，常闭触点断开，电动机一端经该触点与电源接通，另一端经开锁继电器常闭触点接地，电动机向相反的方向转动，将车门锁住。

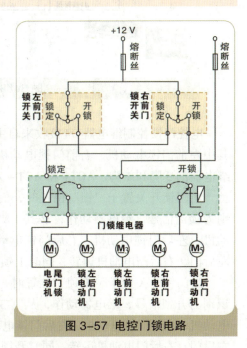

图 3-57 电控门锁电路

（2）电控门锁电路举例

图3-58所示为丰田威驰轿车电控门锁电路。其电路工作原理如下：

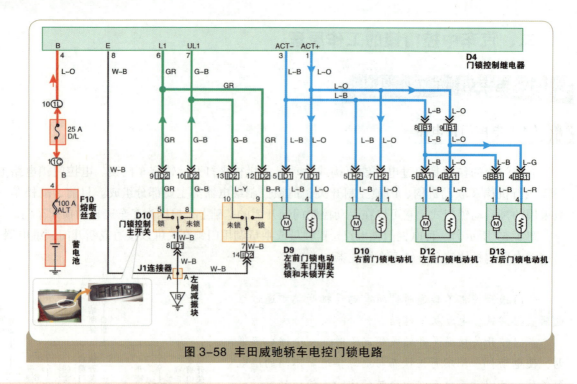

图 3-58 丰田威驰轿车电控门锁电路

电控门锁控制继电器 D4 接收来自主开关 D10 和左前门车门锁的信号，然后驱动门锁电动机，其中左前门锁电动机、右前门锁电动机、左后门锁电动机、右后门锁电动机并联接入门锁控制继电器的 3 脚和 1 脚，ACT+ 和 ACT- 为门锁电动机控制信号输出端。

当门锁开关置于"锁"位置时，门锁控制继电器的 6 脚输入搭铁信号。门锁控制继电器识别为锁门信号，继电器动作，从其 1 脚输出蓄电池电压，分别经左前门锁电动机、右前门锁电动机、左后门锁电动机、右后门锁电动机回到门锁控制继电器的 3 脚。此时左前门、右前门、左后门、右后门电动机运转，同时上锁。

当门锁开关置于"未锁"位置时，门锁控制继电器的 7 脚输入搭铁信号，门锁控制继电器识别为开锁信号，继电器动作，从其 3 脚输出蓄电池电压，分别经左前门锁电动机、右前门锁电动机、左后门锁电动机、右后门锁电动机回到门锁控制继电器的 1 脚，此时左前门、右前门、左后门、右后门电动机运转，同时开锁。

2. 遥控车门系统的工作原理

电控单元根据钥匙开关、门锁控制开关的位置及车速传感器的信号发出锁门或开锁指令，通过电磁铁或电动机实现锁门或开锁。若驾驶员未从点火开关中拔出钥匙便锁车门，则电控单元根据钥匙开关提供的信号自动实现开锁，使所有车门门锁打开。

图 3-59 所示为丰田威驰轿车遥控车门电路。电路分析如下：

蓄电池电压→MAIN 熔断丝→DOME 熔断丝→防盗系统（TVSS）ECU 的 1 脚，此为常电源电路；当点火开关闭合时，蓄电池电压→ALT 熔断丝→AM1 熔断丝→点火开关→ECU-IG 熔断丝→防盗系统 ECU 的 15 脚。

防盗系统 ECU 接收来自发射器的信号，并通过其 20 脚、21 脚（其中 20 脚输出的是上锁信号，

21 脚输出的是开锁信号）把这个信号发送给门锁控制继电器总成，门锁控制继电器总成向每个门锁电动机发出上锁/开锁信号实现控制。具体上锁/开锁电路分析参看威驰电控门锁部分。

其中防盗系统 ECU 的 7 脚外接未锁报警开关。该开关用来检测点火开关钥匙是否插入，当钥匙插入时，未锁报警开关闭合；当钥匙拔出时，未锁报警开关断开。

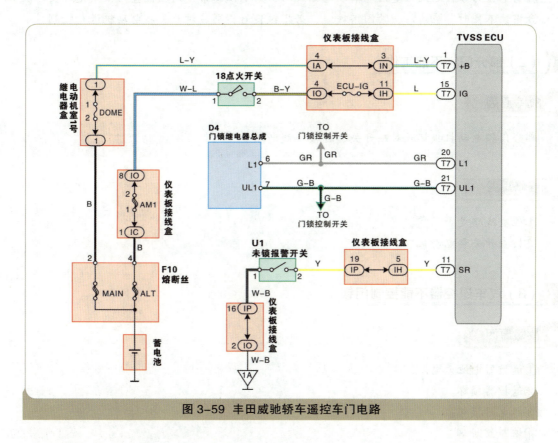

图 3-59 丰田威驰轿车遥控车门电路

三、汽车中控门锁的检修

（1）全部门锁都不能工作

中控门锁检修

故障原因

①熔断丝断路。
②继电器损坏。
③门控开关触点烧蚀。
④搭铁点锈蚀或松动。
⑤连接线路断路。

维修思路

①检查熔断丝是否断路；若熔断丝良好，则应将门控开关接通，检查电动机接线柱上的电压是否正常。

②若电压为零，则应检查继电器和电源线路；若电压正常，则应检查搭铁线是否良好。

③搭铁不良时，应清洁、紧固搭铁线；若搭铁良好，则应对开关和电动机进行检测。

（2）部分门锁不能工作

故障原因

部分门锁电动机损坏或对应开关、连接导线断路。

维修思路

①检查线路是否正常。

②检查开关和电动机。

（3）汽车遥控器不能控制门锁

故障原因

①遥控器电池无电。

②遥控器损坏。

③继电器损坏。

④熔断丝断路。

⑤未锁警告灯开关总成烧蚀短路。

⑥电控单元损坏。

维修思路

①检查遥控器发光二极管是否闪亮。按3次开关，检查发射器发光二极管是否亮3次。如果正常，则说明遥控器无故障；如果不正常，则更换遥控器电池，然后按3次开关，检查发射器发光二极管是否亮3次。如果不正常，则更换门控发射器；如果正常，则说明是遥控器电池无电。

②检查熔断丝是否断路。

③检查无线门锁功能。按遥控器开关1 s，遥控器正对驾驶员一侧的车门外侧把手，距离车辆1 000 mm。如果正常，则无线门锁故障；如果不正常，则转到下一步骤。

④检查未锁报警开关总成的导通性，如果不正常，则更换未锁警告灯开关总成。

⑤检查继电器。

⑥检查线束或连接器。

任务六 汽车音响

一、汽车音响的组成

汽车音响系统包括天线、接收装置、扬声修正、可听频率增幅及扬声器5个部分。

1. 天线

天线用于接收广播电台的发射电波，通过高频电缆向无线电调频装置传送，如图3-60所示。

2. 接收装置

接收装置（见图3-61）是由无线电调谐装置将电台发射的高频电磁波有选择地接收，并解调为音频电信号的装置。磁带放音机（见图3-62）用于放送磁带录制的音乐信号。激光唱机（见图3-63）用于播放光盘记录的音乐信号。

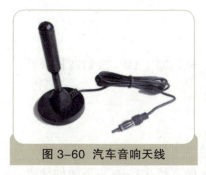

图3-60 汽车音响天线

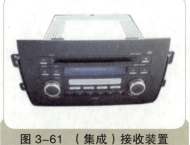

图3-61 （集成）接收装置

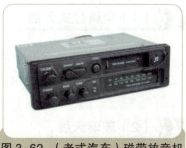

图3-62 （老式汽车）磁带放音机

3. 扬声修正

均衡器（见图3-64）用于调节声音（音乐）信号的特性，以适应汽车听音环境。

4. 可听频率增幅

功率放大器（见图3-64）用于将微弱的音频信号放大到可推动扬声器的足够功率。

图3-63 激光唱机

5. 扬声器

扬声器（见图3-65）是最终决定车厢内音响性能的重要部件。扬声器口径的大小和在车上安装的方法、位置是决定音响性能的重要因素，为欣赏立体声音乐，车上至少要装2个扬声器。

图3-64 均衡器及功率放大器

图3-65 扬声器

二、汽车音响的工作原理

1. 天线

天线可分为在车身外体上伸出的金属柱式天线和装在车身上的玻璃天线两种。

（1）金属柱式天线

金属柱式天线通常设置在前挡泥板、车顶等处，长约1 m。从调幅（AM）发射波长来看，这是不够的，对于调频（FM）发射的波长则是适宜的。

（2）玻璃天线

玻璃天线与后风窗玻璃安装在一起，是在玻璃的中间层埋入的直径0.3 mm以下的细导线。AM天线通过使用防干扰器发热导线，提高接收灵敏度。

2. 调谐器

调谐器把天线所获得的电波进行增幅并从中选择符合频率要求的发射波，再从发射波（运载波的高频部分）中把信号波（可听频率）分离取出。

(1)高频放大与混频电路

高频放大与混频电路对天线收到的弱电波进行处理,予以放大,与此同时,去除干扰波。混频电路将载波频率 f 与本机振荡频率混合,以形成中频频率 10.7 MHz(调幅为 465 kHz)。

(2)中频放大电路

中频放大电路将 10.7 MHz(调幅为 465 kHz)信号进行放大至检波、鉴频所需电平。

(3)检波、鉴频电路

中频放大后的信号,在检波、鉴频电路中去除载波,以解析出立体声导向信号(19 kHz)和立体声左、右声道信号(L、R)的合成信号(L-R,L+R)。在没有立体声信号的情况下,从检波电路送出单通道音频信号。

3. 磁带放音机

磁带放音机是用来播放录音磁带的设备。目前,在汽车音响设备中,收音和磁带放音一体机已被普遍采用。磁带从插入口插入时,磁带放音机工作,当按下操作面板上的 Eject(退出)按钮时,磁带会自动弹出,磁带放音机停止工作。磁带放音机工作时收音机不工作。面板前面的操作按钮具有双重功能。磁带放音机具有快进、快退、A 面与 B 面转换、循环播放等功能。

(1)磁带放音机构

磁带放音机构的非磁性材料的间隙决定了磁头的性能。放音时,磁带压紧磁头从左向右移动。磁带上记录的信号在磁头线圈上随着时间的变化产生不同电动势并转变为电信号。

(2)磁带驱动机构

要使磁带数据再生,就要以一定速度驱动磁带。

当磁带速度发生变化时,磁头与磁带的相对速度发生变化,再生音就会抖动失真。此外,卷在录音带盒上的磁带自身的惯性力和来自车身的振动等也会使放音失真。为消除走带失真,研发人员在机械传动系统中设计了稳定走带速度的机构。

(3)激光唱机

光盘是将音乐信号或者图像信号进行记录的介质。所记录的信号可利用激光的光拾音作用进行非接触式读出。信号读出时,对信号记录部分的凹凸处不断照射聚焦的激光,利用光接收器检测反射光的强弱并转换成数字信号。在数字信号处理电路中进行数/模（D/A）转换并放大，从而恢复原来的音乐信号。激光唱机通常由机械转盘系统、激光拾音器、伺服系统、信号处理系统及控制显示系统等部分组成。

三、音响的防盗功能

1. 音响自动锁死条件

超高级汽车音响均有防盗功能，一旦出现以下情况之一，防盗系统就工作，自动锁死音响。
①音响被盗。
②更换汽车蓄电池。
③音响熔断丝断路。
④拔掉音响插头，致使音响电源中断。

2. 音响防盗密码形式及解码音响防盗密码

音响防盗密码形式及解码音响防盗密码主要采用以下2种方式：
①固定密码主要用于欧宝、奔驰、宝马等车系。
②可变密码主要用于凌志LS400、丰田大霸王等车系。
固定密码和可变密码均是通过防盗集成块来控制的，也有的防盗系统集成于音响的CPU中。防盗集成块具有读、写、字擦除、片擦除及数据时钟功能，与主机共同控制音响防盗功能。

四、汽车音响常见故障检修

1. 收音机信号弱，甚至收不到信号

①检查天线是否拔出或伸展，接头是否插接牢固，天线内部是否短路或开路；如果信号较弱，但可以收听，则可使用手动选台或接收所需电台，或打开远程接收（DX）方式，然后再次自动选台即可。
②如果接收台少，频率显示只有双数或只有单数，则应检查制式是否选择正确。
③如果选定的广播电台、点火开关置于"OFF"，存储内容消失，则检查电源线（BATT线）是否有电（应长期有电）。

2. 电动天线故障

①对于常见的采用集成电路控制的自动天线，常见的故障原因多为集成电路或者驱动继电器损坏，对于后面一种情况应该重点检查线圈的导通性，以及触点的接触状况。
②对于奔驰等高级轿车所采用的由停位铜板等组成的自动天线，故障原因通常是停位铜板接触不良或者继电器触点异常等。
③通常对于自动天线的诊断步骤是：首先检查熔断丝是否正常，插接件是否存在松动、脱落等现象；然后检查电动机和传动装置的状况。

一、填空题

1. 电动刮水器主要由_____、_____、_____、_____、_____、_____组成。
2. 风窗洗涤器的作用是_____。
3. 电动车窗由_____、_____、_____组成。
4. 电动天窗由_____、_____、_____、_____组成。
5. 永磁式刮水器电动机是通过改变电刷间的_____来进行变速的。
6. 如果刮水器在间歇挡不工作,则应顺序检查刮水器开关的_____挡、线路和_____。
7. 风窗洗涤器的作用是向风窗玻璃表面喷洒专用_____或_____,在刮水片配合下,保持风窗表面洁净。

二、判断题

1. 刮水器的自动复位是指在任何时刻切断刮水器电动机电路时,刮水片都能自动停止在风窗玻璃的下部。（ ）
2. 汽车前、后挡风玻璃都是利用空调系统中产生的暖气来除霜的。（ ）
3. 电动车窗系统主控开关上安装有控制分开关的安全开关,如果断开它,分开关就不起作用。（ ）

三、选择题

1. 汽车电动刮水器由（ ）驱动。

    A．发电机　　　　B．发动机　　　　C．微型直流电动机　　　　D．起动机

2. 电动后视镜在任何方向均不能移动,最可能的原因是（ ）。

    A．所有开关断路　　B．电源断路　　C．所有电动机损坏　　D．所有电动机过载保护器断开

3. 将电动车窗电动机拆下后,在其位置接12 V试灯,开关在"上升"位置时,灯不亮;在"下降"位置时,灯亮,这表明（ ）。

    A．搭铁故障　　　　B．电动机故障　　C．电源短路　　　　D．开关或开关之间的线路不正常

4. 电动座椅在任何方向均不能移动,最不可能的原因是（ ）。

    A．电源断路　　　　B．开关断路　　　C．电动机损坏　　　　D．电路断路

四、问答题

1. 试分析电动座椅的工作原理。
2. 中央门锁控制系统有几种功能？
3. 电动刮水器是如何实现间隙控制的？

课题四 汽车安全气囊

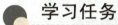

学习任务

熟悉安全气囊系统的结构组成、分类及工作原理。

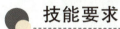

技能要求

掌握安全气囊系统的工作原理。

发展历史

1952 年，美国工程师 John W. Hetrick，因受一场交通意外事故启发，展开相关研究工作。

1953 年 8 月 18 日，赫特里克取得美国辅助乘员保护系统（Supplementary Restraint System）专利。

1971 年，福特将安全气囊装在一批实验车上。1974 年，通用汽车率先在市售车装上驾驶座安全气囊，之后在前乘员座也装上安全气囊。

1980 年 12 月，奔驰汽车 S 系列成为第一辆在欧洲正式销售配有气囊的汽车。

1988 年，克莱斯勒开始将旗下所有车款都装上安全气囊，并大作电视广告示范安全气囊的效用，真正开启汽车界安全配备的竞争。

1984 年，美国高速公路安全管理局《联邦汽车安全标准》（Federal Motor Vehicle Safety Standard；FMVSS）第 208 条中增加了安装气囊的要求。

1995 年，正式经由美国国会通过法案，提供了明确的法则及指导方向，1995 年起，新车的标准配备均有双气囊。

任务一　安全气囊系统的功用与类型

安全气囊系统是汽车上的被动安全装置。被动安全装置的功用是降低事故导致的伤害程度，目前采用的主要有座椅安全带、护膝垫、两节或三节式转向柱、安全气囊控制系统和座椅安全带控制系统等。

1. 安全气囊系统的功用

安全气囊系统 (SRS) 是座椅安全带的辅助装置。只有在使用安全带的条件下，该系统才能充分发挥保护驾驶员和乘员的作用。当汽车发生碰撞时，汽车与汽车或汽车与障碍物之间的碰撞称为一次碰撞。一次碰撞后，汽车速度将急剧变化，驾驶员和乘员就会受到惯性力的作用而向前运动，与车内的转向盘、风窗玻璃或仪表台等构件发生碰撞，这种碰撞称为二次碰撞。为了减轻或避免驾驶员与乘员在二次碰撞中遭受的伤害，汽车上装备了座椅安全带和安全气囊系统等被动保护装置。公安部和交通部规定：自 1993 年 7 月 1 日起，所有轿车和中小型客车在行驶过程中，驾驶员必须系上安全带。

在车辆事故中，导致驾驶员和乘员遭受伤害的主要原因是二次碰撞。当汽车发生正面碰撞时，在惯性力的作用下，驾驶员面部或胸部可能与转向盘和风窗玻璃发生二次碰撞，前排乘员可能与仪表台发生二次碰撞，后排乘员可能与前排座椅发生二次碰撞。当汽车遭受侧面碰撞时，驾驶员和乘员可能与车门、车门玻璃或车门立柱发生二次碰撞。车速越高，惯性力越大，遭受伤害的程度就越大。安全气囊系统的功用是：当汽车遭受碰撞导致减速度急剧变化时，气囊迅速膨胀，在驾驶员、乘员与车内构件之间迅速铺垫一个气垫，利用气囊排气节流的阻尼作用来吸收人体惯性力产生的动能，从而降低人体遭受伤害的程度，如图 4-1 所示，正面气囊的主要功用是保护驾驶员和乘员的面部和胸部，侧面气囊的主要功用是保护驾驶员和乘员的头部与腰部。

安全气囊的认知

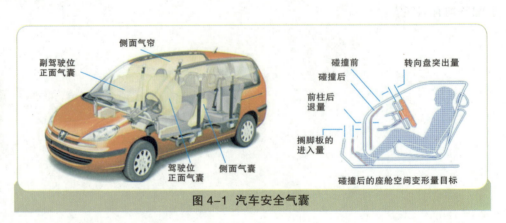

图 4-1　汽车安全气囊

2. 安全气囊系统分类

按其总体结构可将安全气囊系统分为机械式安全气囊系统和电子式安全气囊系统两大类。

机械式安全气囊系统不需要使用电源，没有电子电路和电路配线，全部零件组装在转向盘装饰盖板下面。检测碰撞动作和引爆点火剂都是利用机械装置动作来完成的。最早采用机械式安全气囊系统的是日本丰田汽车公司。

电子式安全气囊系统是机械式安全气囊系统和电子技术发展的产物。电子式安全气囊系统按功用可分为正面安全气囊系统和侧面安全气囊系统两大类；按气囊数量可分为单安全气囊系统、双安全气囊系统和多安全气囊系统。单安全气囊系统只装备驾驶席气囊。20世纪90年代以前生产的汽车基本上都装备单安全气囊系统。双安全气囊系统装备有驾驶席和前排乘员席两个气囊。20世纪90年代后生产的大多数轿车都装备了双安全气囊系统。无论气囊数量多少，均可采用一个安全气囊系统ECU控制。

任务二　安全气囊系统的组成结构与工作原理

一、安全气囊系统组成

1. 安全气囊模块

安全气囊系统主要包括碰撞传感器、气囊电脑、系统指示灯、气囊组件以及连接线路。气囊组件主要包括气囊、气体发生器以及点火器等。

安全气囊模块由接收从碰撞传感器传来的信号而产生气体的充气装置，通过充气展开膨胀、缓解二次碰撞的气囊及收藏充气装置和气囊的护圈及盖板构成。

▶（1）充气装置

充气装置是指由点火装置（点火器）接收从碰撞传感器传来的电信号，通过点火装置产生的热能点燃气体发生剂，冲破压力阀，释放气体的装置。如图4-2所示，充气装置的种类主要包括气体发生剂式、蓄压式、混合式以及双级充气式四种。

图4-2　安全气囊发生器

1）气体发生剂式

气体发生剂式充气装置：采用特殊的化学物质（气体发生剂），通过热化学反应瞬时产生氮气、水蒸气等气体。

2）蓄压式

蓄压式充气装置：耐压容器内装入高压气体（氩气等），通过点火器的能量冲破压力隔壁，瞬时释放气体。

3）混合式

混合式充气装置：气体发生剂式和蓄压式的组合形式。

4）双级充气式

双级充气式充气装置：两个充气装置组装在一个壳内，气体发生性能较好，可以改变发生气体的量及气体发生速度。

(2) 气囊

图 4-3 安全气囊

气囊通过充气装置释放的气体膨胀，乘员承受适当的载荷，减轻由二次碰撞引起的伤害。如图 4-3 所示，气囊材料一般以平织尼龙纤维为主，为确保气密性，有的气囊还增加了硅等涂层。

安全气囊在严重的碰撞事故当中能够保护约 1/3 的人员生还，另外，1/6 的驾驶员或前排乘员能够在碰撞中因得到安全气囊的保护而被救。

(3) 气囊盖与支撑环

安全气囊模块装在气囊盖及支撑环中，且成为一体装在车内，如图 4-4 所示。支撑环一般采用钢板材料制造，具有支撑充气装置、气囊和坚固车体的作用。

图 4-4 安全气囊的气囊盖

2. 碰撞传感器系统

碰撞传感器系统可感知碰撞，并按照碰撞的方向及程度判断安全气囊及安全带张紧器是否工作。一般包括约束装置控制模块、边缘传感器以及侧翻传感器三种。

(1) 约束装置控制模块

约束装置控制模块（Restraint Control Module,RCM）有时也被称为电子控制单元（Electrical Control Unit,ECU）。RCM 根据从内装的加速度传感器及周边传感器等传来的信息来计算并判断碰撞的剧烈程度，并在适当的时机向各安全气囊和安全带张紧器发出电子信号，一般安装在仪表板下侧等车辆的中心附近，如图 4-5 所示。

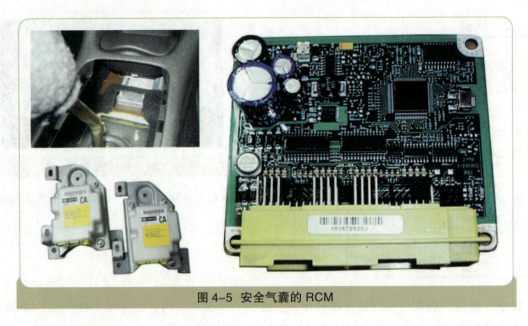

图 4-5 安全气囊的 RCM

（2）边缘传感器（Satellite Sensor）

边缘传感器以快速进行动作判断为目的，一般安装在碰撞部位附近。边缘传感器一般分为电子式加速度传感器、电气机械式传感器、电子式压力传感器（见图 4-6）等。

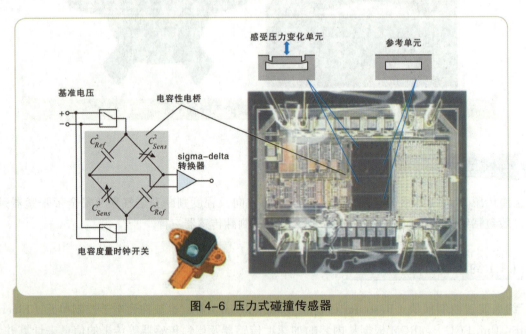

图 4-6 压力式碰撞传感器

（3）侧翻传感器

侧翻传感器为判定侧翻时是否使用帘式气囊而检测侧翻的传感器，如图 4-7 所示。

图 4-7 安装在发动机舱前纵梁上面的气囊碰撞传感器

3. 线束系统

安全气囊系统的线束及连接器的特征：

①回转连接器收藏在方向盘内的驾驶席正面安全气囊中，采用非集电环式的收藏在壳体内的涡旋状拉索。

②防止连接器半啮合。

③短路杆在动作信号回路上的充气器侧的连接器安装有在分离状态时可使两个线路短路的短路杆，如图 4-8 所示。

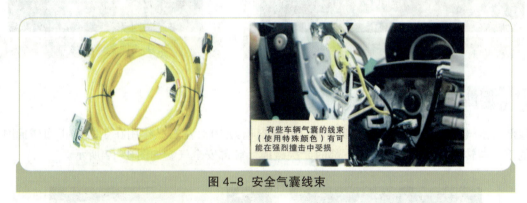

图 4-8 安全气囊线束

二、安全气囊类型

1. 前方安全气囊

驾驶席用正面安全气囊：安全气囊模块安装在方向盘中央位置，气囊具有 45～60 L 的容积；作用在于缓解正面碰撞时驾驶者与方向盘的二次碰撞。

副驾驶席用正面安全气囊：该气囊模块放置在仪表板内，正面碰撞时展开，覆盖仪表板，气囊具有 70～200 L 容积；作用在于缓解正面碰撞时副驾驶席乘员与仪表板及前风挡玻璃框的二次碰撞。前方安全气囊如图 4-9 所示。

图 4-9 前方安全气囊

2. 侧面安全气囊

侧面安全气囊模块安装在坐席靠背侧面或车门护板内，具有 8～16 L 容积；作用在于缓解侧面碰撞时乘员与车门护板、侧窗框及车室外的碰撞物的二次碰撞。侧面安全气囊一般有两种形式：一种是只保护乘员胸部，另一种是胸部和头部都保护。侧面安全气囊如图 4-10 所示。

3. 帘式安全气囊

帘式安全气囊模块安装在顶棚内衬的外侧边沿内，充气机构在其前端、后端或中间，具有 15～40 L 的容积；作用在于缓解侧面碰撞时乘员与侧窗框及车室外的碰撞物的二次碰撞。根据乘员的保护范围，其可分为仅保护前席，保护前席及后席，保护前席、后席及第三排三种类型。帘式安全气囊如图 4-11 所示。

图 4-10 侧面安全气囊

图 4-11 帘式安全气囊

4. 膝部安全气囊

膝部安全气囊模块安装在仪表板下部，气囊容积为 10 L 左右；作用在于缓解正面碰撞时前席乘员的下肢与转向柱下部及仪表板下部的二次碰撞。膝部安全气囊如图 4-12 所示。

图 4-12 膝部安全气囊

5. 智能安全气囊

智能安全气囊增设多普勒车速传感器（Doppler Speed Sensor），监测汽车与障碍物的相对速度。智能安全气囊加装红外乘员传感器（Infrared Sensor），检测乘员的有无与身材大小。安全带加装收紧装置，气囊起爆前先收紧安全带缓解冲撞损失，碰撞后自动解除收紧力。当车速低于 16 km/h 时，只收紧安全带不引爆气囊。

扩张 ECU 的控制范围，增加逻辑运算功能，运筹不同车速和加速度下的最佳控制模式，根据乘员红外信号决定适当的充气压力和膨胀信号。未来智能安全气囊系统如图 4-13 所示。

> 在未来，安全气囊可能会变得更加智能，比如在车辆发生碰撞的一瞬间，根据碰撞条件和乘员状况来判断气囊怎样弹出、是否弹出等。

图 4-13 未来智能安全气囊系统

三、安全气囊系统的工作原理与故障分析

1. 安全气囊系统的工作原理

当车辆发生碰撞时，安全气囊控制模块快速对信号做出处理，确认发生碰撞的严重程度已超出安全带的保护能力后，便迅速释放气囊，使乘员的头、胸部直接与较为柔软有弹性的气囊接触，从而减轻乘员的伤害，如图 4-14 所示。由于撞击过程时间非常短，一般气囊由触发至完成充气过程为 25～35 ms，充气时间过长便会失去其效用。

一般来说，轻微的碰撞不会打开安全气囊，只有在车辆正面一定角度范围内才是打开安全气囊的有效碰撞范围，后碰、侧碰、翻转都不会引发安全气囊打开。需要强调的是，安全气囊只起辅助作用，在不系安全带的状况下，安全气囊不但不能对乘员起到防护作用，还会对乘员有严重的杀伤力。安全气囊的爆发力是惊人的，足以击断驾驶者的颈椎。因此，系好安全带是安全气囊发挥保护作用的一个重要条件。

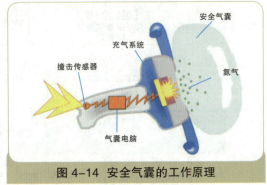

图 4-14 安全气囊的工作原理

2. 安全气囊系统的电路分析与常见故障（以凯越汽车为例）

（1）安全气囊系统电路分析

安全气囊系统电路如图 4-15 所示。安全气囊系统（SRS）为乘员提供了安全带之外的辅助保护，具有多个充气模块，分布在车辆的不同位置上，包括方向盘模块、仪表板模块或侧面碰撞模块。除了充气模块之外，车辆还可配备安全带预张紧器。在车辆发生碰撞时，它会张紧安全带，从而在充气模块展开的同时减小乘员与安全带之间的距离。每个充气模块都有一个展开回路，该回路由车内的传感和诊断模块（SDM）进行控制。传感和诊断模块根据安装在车辆关键位置上的各个传感器的输入信号来判断碰撞的严重程度。当传感和诊断模块检测到碰撞的冲击力足够大时，将处理传感器所产生的信息，以进一步帮助气囊展开。传感和诊断模块对安全气囊系统的电气部件进行连续诊断监测，当检测到电路故障时，传感和诊断模块就设置一个故障诊断码，并点亮安全气囊警告灯，以通知驾驶员。转向柱和膝垫均采用吸能式设计，在发生正面碰撞时，

可以收缩，从而限制腿部的移动，降低驾驶员和乘员的受伤概率。当安全气囊展开后，传感和诊断模块将向车身控制模块（BCM）发送一个"气囊已展开"的信息。车身控制模块在收到该信息15 s后将打开车门锁并点亮车内照明灯。

在接通点火开关时，传感和诊断模块（SDM）将执行接通测试，以诊断传感和诊断模块本身内部的关键性故障。测试通过后，测量点火开关和展开环路电压，以确保这些电压介于正常电压范围内。传感和诊断模块监视驾驶员低压侧和乘员低压侧电压，以检测展开环路是否对搭铁或电压短路。

传感和诊断模块通过使微小电流通过内部电路，检查乘员气囊模块导线连接和电阻。如果警告灯正常闪烁，则传感和诊断模块连续检查警告灯端子上的电压。

如果车辆碰撞导致气囊展开，传感和诊断模块将保持警告灯点亮。事后应更换所有气囊系统，包括传感和诊断模块、气囊模块和导线（见图4-15）。

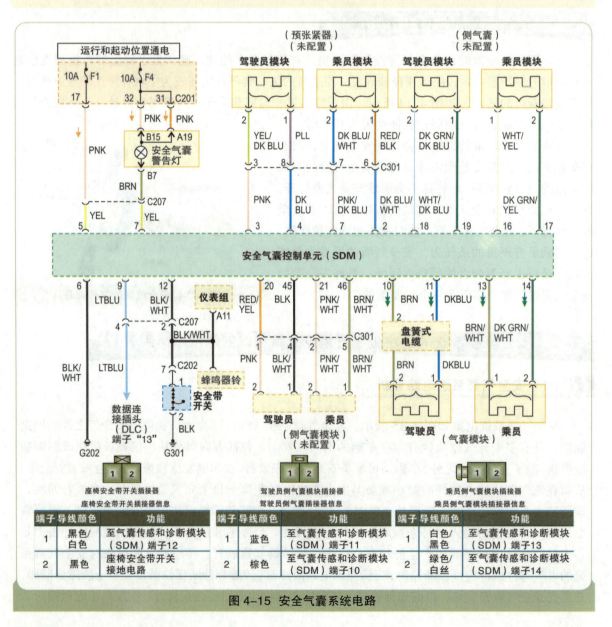

图4-15 安全气囊系统电路

安全气囊系统电控元件位置如图4-16所示，安全气囊系统线束布置如图4-17所示。

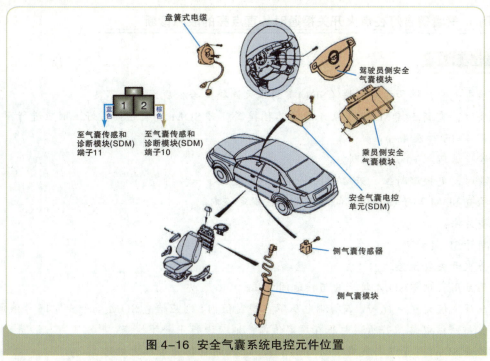

图4-16 安全气囊系统电控元件位置

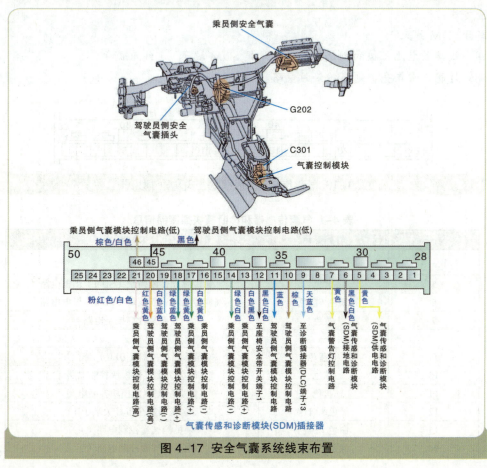

图4-17 安全气囊系统线束布置

（2）安全气囊的常见故障

案例 1　气囊警告灯在点火开关接通时一直点亮的故障诊断

诊断步骤

①检查气囊传感和诊断模块（SDM）的线束连接是否松脱或接触不良。

必要时，重新连接SDM线束或清洁其插接器。若SDM线束连接良好，则应进行下一步检查（见图4-18和表4-1）。

②检查熔断丝F1是否熔断。

必要时，更换熔断丝。若熔断丝完好，则应进行下一步检查。

③检查SDM端子5与接地间电压是否在规定值内。

检查方法：

a. 断开SDM线束。

b. 点火开关转至接通。

c. 用万用表测量SDM端子5与接地间电压。

电压规定值为9～16 V。若所测电压不在规定值内，则应检查SDM端子5与15号线间电路。必要时，维修该电路。若所测电压在规定值内，则应进行下一步检查。

④检查SDM端子7与气囊警告灯端子R7之间的电路是否接地短路。

检查方法：

a. 断开SDM线束。

b. 用一端接蓄电池正极的测试灯，另一端接SDM端子7（线束侧）。

若测试灯能正常点亮，则应维修该电路。

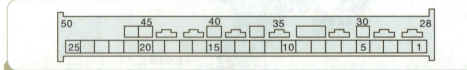

图4-18　气囊传感和诊断模块（SDM）插接器

表4-1　气囊传感器和诊断模块插接器信息

端子	导线颜色	功能
1～4	—	—
5	黄色	气囊传感和诊断模块（SDM）供电电路
6	黑色/白色	气囊传感和诊断模块（SDM）供电电路
7	黄色	气囊警告灯控制电路
8		
9	天蓝色	至诊断插接器（DLC）端子13
10	棕色	驾驶员侧气囊模块控制电路
11	蓝色	驾驶员侧气囊模块控制电路
12	黑色/白色	至座椅安全带开关端子1
13	白色/黑色	乘员侧气囊控制电路（+）
14	绿色/白色	乘员侧气囊控制电路（-）

续表

端子	导线颜色	功能
15	—	
16	白色/黄色	乘员侧气囊控制电路（−）
17	绿色/黄色	乘员侧气囊控制电路（+）
18	绿色/蓝色	驾驶员侧气囊控制电路（+）
19	白色/蓝色	驾驶员侧气囊控制电路（−）
20	红色/黄色	驾驶员侧气囊传感器电路（高）
21	粉红色/白色	车壳侧气囊传感器电路（高）
22～44	—	
45	黑色	驾驶员侧气囊传感器电路（低）
46	棕色/白色	车壳侧气囊传感器电路（低）

案例2 DTC26 驾驶员侧气囊模块控制电路断路的故障诊断

● **诊断步骤**

①检查驾驶员侧气囊模块线束插接器是否接触不良。必要时，修理或更换线束插接器。若线束插接器良好，则应进行下一步检查。

②检查SDM线束插接器是否接触不良。必要时，修理或更换线束插接器。若线束插接器良好，则应进行下一步检查。

③检查SDM端子10与驾驶员侧气囊模块端子2之间的电路是否有故障。必要时，维修或更换电路。若该电路正常，则应进行下一步检查。

④检查SDM端子11与驾驶员侧气囊模块端子1之间的电路是否有故障。必要时，维修或更换电路。若该电路正常，则应进行下一步检查。

⑤检查SDM是否有故障。必要时，更换SDM。若SDM正常，则应进行下一步检查。

⑥检查驾驶员侧气囊模块是否有故障。必要时，更换驾驶员侧气囊模块。

案例3 气囊警告灯电路失效的故障诊断

● **诊断步骤**

①检查熔断丝F4是否熔断。必要时，更换熔断丝F4。若熔断丝完好，则应进行下一步检查。

②检查气囊警告灯端子B15与15号线之间的电路是否有故障。

检查方法：

a. 断开仪表板线束。

b. 点火开关转至接通。

c. 用一端接地良好的测试灯，另一端接气囊警告灯端子B15/A19（线束侧）。

若测试灯不能正常点亮，则应维修该电路。若测试灯能正常点亮，则应进行下一步检查。

③检查气囊警告灯灯泡是否损坏。必要时，更换气囊警告灯灯泡。若灯泡完好，则应进行下一步检查。

④检查仪表板气囊警告灯印制电路是否有故障。必要时，更换仪表板。若仪表板气囊警告灯印制电路正常，则应进行下一步检查。

⑤检查气囊警告灯端子 R7 与 SDM 端子 7 之间电路是否有故障。必要时，维修该电路。若该电路正常，则应进行下一步检查。

⑥检查 SDM 是否有故障。必要时，更换 SDM。若 SDM 正常，则应检查相关电路是否接触不良。

案例 4 线路故障引起安全气囊系统故障

◎ 诊断步骤

一辆凯越仪表板上的安全气囊系统故障指示灯常亮不熄。此车安全气囊系统由 SRS 控制单元、驾驶员安全气囊、乘员侧安全气囊、撞击传感器、安全带装置、转向线盘等组成。该车具有自诊断功能，有故障码输出功能。

故障检修流程如下：

①接修该车后，首先用测试仪消除故障码。因为不消除控制单元内的存储故障码，即使排除了故障，故障指示灯也不会熄灭。

②确认点火开关关闭，把测试仪与 DLC 插头连接，打开点火开关，消除故障码，然后关闭点火开关，等待 20 s，把点火开关打开。正常情况下仪表板上的故障指示灯会变亮，等待 7 s 后，若熄灭，则说明系统正常。如果常亮或开车时亮，则证明有故障。7 s 后故障灯还亮，判断不是间歇故障。这时用测试仪读故障码，读取故障码为撞击传感器故障。

③根据故障码的含义，对相关内容进行检测。检查撞击传感器的插头和 SRS 装置的插头连接正常，从右前撞击传感器上取下插头，然后取下安全气囊电脑的插头。换一个新的撞击传感器试用，发现安全气囊故障指示灯还是常亮。

④用万用表测撞击传感器与电脑之间的线路通断，发现都不正常。

⑤顺着线路查找，发现右前撞击传感器线路有维修过的痕迹，仔细观察不是原来完整的线路，是和空调压力开关的两条线路互相接错。把线路重新接好，并消除故障码，试车一切正常。

◎ 故障总结

检测或拆除安全气囊 SRS 装置系统前应注意：安全气囊系统线路只能使用高阻抗数字万用表检测，要求将万用表拨到欧姆挡的最低值时，确认它的输出电流为 10 mA 或更低，具有太高输出值的万用表可能损坏安全气囊电路或引爆安全气囊造成伤害。而且在测量之前要把自己身上的静电放掉。确认将点火开关关掉，从蓄电池上断开负极，操作前至少等待 3 min 以上。安全气囊系统配有备用电源，如果蓄电池负极取开时间不到 3 min 就开始维修检测，则安全气囊可能会意外打开。断开驾驶员安全气囊插头，然后断开乘员安全气囊插头。

思考与练习

一、填空题

1. SRS 由 _____、_____、_____、_____ 等组成。
2. 碰撞传感器有 _____、_____、_____ 三种。

二、判断题

1. SRS ECU 与汽车其他 ECU 一样可以用汽车专用万用表检测。（　　）
2. 带 SRS 系统的汽车，维修时必须断电 90 s 以上方可作业。（　　）
3. 安全气囊组件可用万用表量其阻值，以判断好坏。（　　）

三、选择题

1. 安全气囊前碰撞传感器的有效范围为正前方正负（　　）度。
   A. 10　　　　B. 20　　　C. 30
2. 当汽车发生碰撞时（　　）ms 引爆点火充气。
   A. 5　　　　B. 10　　　C. 15
3. 维修带 SRS 系统的车，应断电（　　）方可作业。
   A. 10 s　　　B. 90 s　　C. 3min 以上
4. 当打开点火开关至 ON 挡时，SRS 警告灯应点亮（　　）s，然后熄灭。
   A. 3～4　　　B. 5～6　　C. 6～7
5. 当用替换法检测安全气囊组件时，其代替电阻为（　　）欧姆。
   A. 1～2　　　B. 2～3　　C. 3～4

四、问答题

1. 什么是一次碰撞？什么是二次碰撞？
2. 智能型安全气囊与一般安全气囊有何异同？
3. 简述安全气囊的工作原理。

课题五

汽车网络技术基础

学习任务

1. 掌握信号的类型及传输方式。
2. 了解信息流方向、协议及网关的概念。
3. 了解 CAN 网络的物理构成。
4. 了解 CAN 网络的传输原理。
5. 了解 LIN 网络的传输原理。
6. 掌握总线的分类。
7. 掌握高速 CAN 总线和低速 CAN 总线的区别。
8. 掌握高速 CAN 波形的标准波形。
9. 掌握高速 CAN 波形的典型故障波形。
10. 掌握低速 CAN 波形的标准波形。
11. 掌握低速 CAN 波形的典型故障波形。
12. 掌握低速 CAN 带电阻短路时的波形。
13. 掌握高速 CAN 总线和低速 CAN 总线的"显性""隐性"电压的区别。

技能要求

学会并掌握车载网络系统的功用。

任务一　网络的基本概念

网络就是用传输介质将各个孤立的节点连在一起，组成数据链路，利用传输介质对各个节点进行控制或把各个节点的信息资源进行共享的一种方式。

一、信号的类型

模拟信号和数字信号是信号的两种不同形式，它们的作用都是在两个实体之间进行信息传递。

模拟信号（Analog Data）是在某一范围内表现为连续的一种信号，如图5-1所示。其分布于自然界的各个角落，如每天的温度数据，它是随着时间周期变化而在一定范围内呈现连续的数据。

数字信号（Digital Data）是人们抽象出来的、不连续的信号，其幅值被设定在有限个数值之内，如图5-2所示。比如计算机内部的通信，它采用的就是两个数"0"与"1"，任何消息都用"0"与"1"表示；车内的喷油嘴脉冲信号只有高电平与低电平。

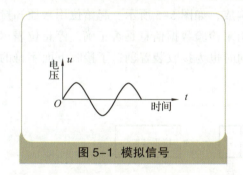
图5-1 模拟信号

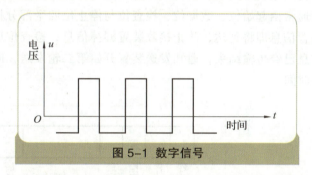
图5-1 数字信号

信号在传递过程中，受到内部与外部的各种干扰，其强度会随着通信距离的不断增大而降低。这样会使得不同的接收方对同一发送方发出的信息产生不同的理解，模拟信号表现得尤为明显。出于安全考虑，车辆在信号选择与应用方面通常会选择数字信号。

二、信号的传输方式

车辆上的各种控制单元之间通过数字信号来传递各种控制数据和状态数据，传输数据的系统称为数据传输系统。传输方式分为两种：并行数据传输和串行数据传输。

并行数据传输是发送装置使用多个通道同时向接收装置传送数据，如图5-3所示。利用并行传输方式进行数据传输时，在发送装置与接收装置之间必须有8条信息通道才可以完成。例如单片机的各种总线数据均采用并行传输方式来进行数据传递。

串行数据传输是发送装置把数据排成一队，利用一个通道向接收装置依次传输所需数据，如图5-4所示。

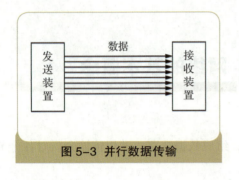
图 5-3 并行数据传输

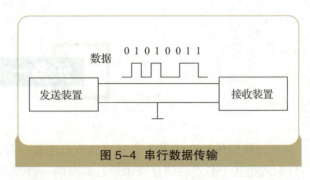
图 5-4 串行数据传输

并行传输方式的传输速度快,效率高,可以在最短的时间内完成从发送装置到接收装置的信号传递,但由于该传输方式的传输成本较高,一般只应用于较短距离的传输领域,例如:打印机与 PC 之间的数据传输。与并行传输方式相比,串行传输方式传输速度慢,效率相对低。同一个 8 位数据,并行传输方式只需要一个单位时间就可以传输完毕,而串行传输则需要八个单位时间才能传输完毕。但是串行数据传输的传输成本要低很多,传输距离越长越能体现其优势。

串行传输方式有两种:同步传输方式和异步传输方式。最常用的串行传输方式是异步传输。在异步传输时,发送装置将数据分成若干个小组,每一个数据分组都由几个部分组成,它在任何时刻都可以将这些分组数据发出,而接收装置从不知道发送出的分组数据何时会到达。这就好像键盘和主机的关系,主机不知道键盘何时发送信息,这完全取决于键盘。异步传输方式的数据结构通常由起始位、数据位、检查位与停止位四个部分构成,如图 5-5 所示。起始位用来通知接收装置信息即将到达,防止接收装置漏掉信息;检查位用来检验数据信息是否正确;停止位表示该信息已经传输结束,通知发送装置开始第二轮发送,同时也为接收装置创造了接收下面字符的准备时间。

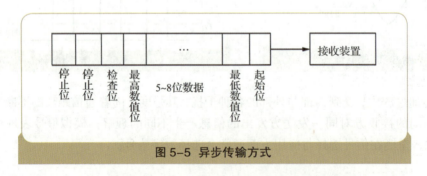
图 5-5 异步传输方式

同步传输的发送装置和接收装置使用相同的时钟频率,因此数据分组要比异步传输大很多,它发送的数据是由单一字符组合起来的信息,这些组合起来的信息我们称之为帧,帧的数据格式如图 5-6 所示。同步传输的数据第一部分是同步字符,最后一部分是结束标记字符,类似于异步传输的起始位与停止位。

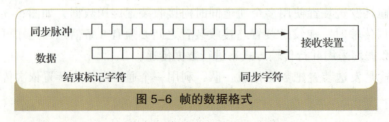
图 5-6 帧的数据格式

三、信息流方向

根据传输方向的不同，数据传输有三种基本传输模式：全双工传输模式（Full Duplex Transmission）、半双工传输模式（Half Duplex Transmission）和单工传输模式（Simplex Transmission）。

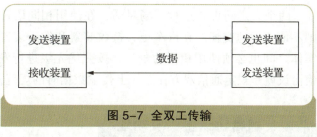

图 5-7 全双工传输

全双工传输可以同时在两个方向上收发数据，如图 5-7 所示。全双工传输方式有两条传输通道，彼此没有任何联系，这样就保证发送和接收能够同时进行，例如电话通信。

半双工传输也可以向两个方向传输数据，但只有一条传输通道，发送和接收过程不能同时工作。两个方向上的通信设备在接收装置和发送装置之间转换，但是不具备同时拥有两种身份的功能，如图 5-8 所示，例如对讲机通信。

单工传输与前面两种传输方式最大的不同在于其只能向一个方向传输数据，即单向传输，通信设备只具备接收装置或者发送装置中的一种身份，如图 5-9 所示。广播通信使用的就是单工传输方式。

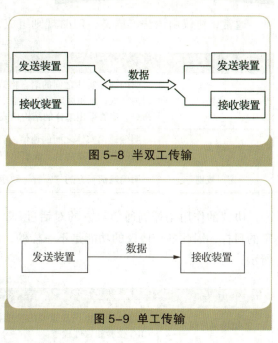

图 5-8 半双工传输

图 5-9 单工传输

四、信号电平

为了能够清楚区分车辆应用方面的高和低两种电平状态，明确规定了每种状态的对应范围：高电平为 6~12 V；低电平为 0~2 V；2~6 V 为禁止范围，用于识别故障，具体如图 5-10 所示。

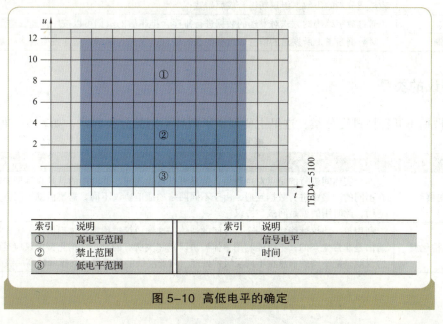

索引	说明	索引	说明
①	高电平范围	u	信号电平
②	禁止范围	t	时间
③	低电平范围		

图 5-10 高低电平的确定

五、通信协议

两个人之间想要进行一场对话，在使用相同语言的同时，还要彼此之间按顺序轮流发言，否则不能正常地交谈。在汽车上，接收装置和发送装置之间的通信就像两个人之间进行一场对话，实体之间也必须使用相同的语言，按照优先级进行发送和接收，从而完成正常的"交谈"。而通信协议就是规定通信双方在总线上传输数据时的规范。

1. 通信协议要素及功能

通常，协议由语法、语义、定时规则组成，如表5-1所示。

表5-1 通信协议

要素	功能
语法	明确通信实体之间的语言格式。由逻辑说明构成，说明大家要共同遵守的信息（或报文）构成的格式，比如规定报文的前几位作为报头（或标题）字段使用、哪几位是命令和应答，报头、命令、应答采用怎样的结构格式
语义	明确通信实体之间的通信内容。解释在实体间传输的控制信号、反馈信号等各种逻辑信号，让接收装置和发送装置能够依照信号内容正确运行
定时规则	明确通信双方的"发言"顺序

协议的作用是控制通信双方的对话过程，发现数据错误并确定处理规则。每个协议都针对特定的目标，因此各个协议的功能是不一样的，但是所有协议都具有公共的功能，这些功能如表5-2所示。

表5-2 协议功能

项目	功能
差错检测与纠正	通信传输协议最重要的功能就是对传输的内容进行差错检验与纠正，一般使用的方法包括CRC校验和软件检查
分块与重装	由于协议的不同，数据在传输过程中对信息长度和格式是有限制条件的，必须按照协议要求对数据进行处理。处理方法一般为分块和重装。分块操作将原始数据分割成若干小数据组；重装是把分割的小数据组重新组合成原始数据
排序	通过数字编码的方式对发送的数据进行排序，排序后的数据可以按序传递，避免冲突
流量控制	对数据通道上所发送的信息数量和发送的信息速度进行限制，防止发生通道堵塞

2. 协议的类型

协议可根据不同特性进行分类，这里主要列举了两种不同的分类方式，如表5-3所示。

表5-3 协议分类

类型	功能
直接型与间接型	两个实体间进行的是点对点通信，信息可以直接连通，此时用的就是直接型协议。两个实体在不同的网络中进行数据互通，由于不同网络的通信协议不同，需要借助第三方实体才能进行通信，此时用的就是间接型协议
单体型与结构化型	利用单一协议就能实现两个实体间的通信，这种协议被称为单体型协议。由于网络内实体间通信是非常繁杂的，不可能利用单体型协议来解决所有问题，结构化型协议应运而生。结构化协议就是把不同的信息在不同层级中处理，较低层级的数据交换支撑着较高层级的数据处理

六、网关

数据总线的通信协议决定了信号格式,不同的总线对应不同的信号。而不同类型的信号不能够直接互通,这就需要一个能够让两个系统彼此通信的工具,网关的作用就是如此。位于不同类型总线上的发送装置将信息发送到网关,网关根据规则翻译数据并将其发送给接收装置,如图 5-11 所示。

图 5-11 网关的作用

对于车辆来说,网关有三种功能:将车辆内部不同总线的诊断数据发送到 K 线;连接车内位于不同总线上的控制单元;改变同一数据信息在不同总线系统中的优先级。

BMW 车辆上网关安装位置如表 5-4 所示。

表 5-4　BMW 车辆上网关安装位置

车　型	网　关
E38	组合仪表
E46	组合仪表
E60/61	SGM
E63/64	SGM
E65/66/67	ZGM 或 SGM
E83	组合仪表
E85	组合仪表
E87	接线盒

任务二　CAN 网络和 LIN 网络

一、总线系统概览

原则上总线系统分为两组：主总线系统和子总线系统。主总线系统负责跨系统的数据交换，子总线系统负责系统内的数据交换，这些系统用于交换特定系统内数据量相对较少的数据。

主总线系统包括下列总线，具体如表 5-5 所示。

表 5-5　主总线系统

主总线系统	数据传输率	总线结构
K 总线*	9.6 kb/s	线性、单线
D 总线	105~115 kb/s	线性、单线
CAN	100 kb/s	线性、双线
K-CAN	100 kb/s	线性、双线
F-CAN	100 kb/s	线性、双线
PT-CAN	500 kb/s	线性、双线
byteflight	10 Mb/s	星形、光缆
MOST	22.5 Mb/s	环形、光缆

注：* 在更早的车型中也称为 I 总线。

子总线系统包括下列总线，具体如表 5-6 所示。

表 5-6　子总线系统

子总线系统	数据传输率	总线结构
K 总线协议	9.6 kb/s	线性、单线
BSD	9.6 kb/s	线性、单线
DWA 总线	9.6 kb/s	线性、单线
LIN 总线	9.6~19.2 kb/s	线性、单线

二、车用 CAN 总线

CAN 是 Controller Area Network（控制器局域网）的缩写，是国际标准化组织（ISO）标准化的串行通信协议。

1.CAN 总线系统组成

CAN 总线是连接车内各种控制单元的一种传输介质，用于控制单元之间的信息交换。它由电控单元、双绞线和终端电阻构成，如图 5-12 所示。电控单元通过收发器并联在总线上，构成了多主机结构。传输介质在原则上用一条导线（CAN-H）就可以满足要求，但该总线系统还配备了第二条导线（CAN-L），因此使用了双绞线。双绞线有效地抑制了外部干扰。为了使信号不在两端反射，在终端加入两个 120 Ω 的电阻。

（1）电控单元

CAN 控制器接收来自传感器的信号，将其处理后再控制执行元件工作，同时根据需要将传感器信息通过 CAN 总线发送给其他电控单元，如图 5-13 所示。电控单元的主要构件有 CPU、CAN 控制器和 CAN 收发器，另外还有输入/输出存储器和程序存储器。

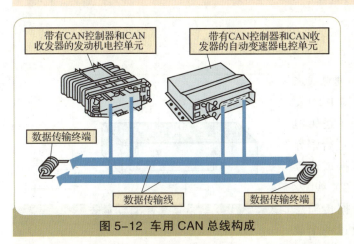

图 5-12 车用 CAN 总线构成

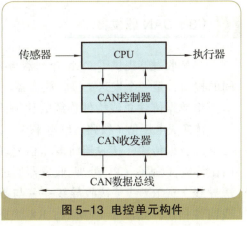

图 5-13 电控单元构件

带有 CAN 收发功能的电控单元内部结构如图 5-14 所示。电控单元接收到的传感器信号（如发动机温度或转速）被定期按顺序存入输入存储器。电控单元按存储的程序处理输入值，处理结果存入相应的输出存储器，然后控制各执行元件工作。为了能够处理数据传输总线信息，各电控单元内还有一个数据传输总线存储区，用于容纳接收和发送的信息。由于电控单元通过 CAN 控制器实现网络传输，因此，CAN 网络成为电控单元的信息输入来源，同时也是电控单元的信息输出对象。

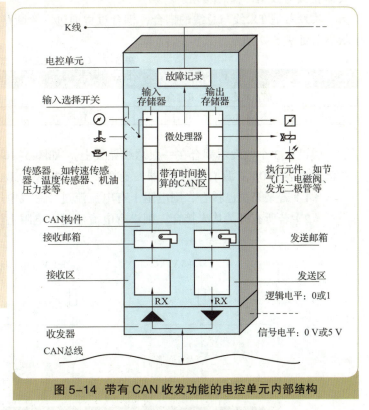

图 5-14 带有 CAN 收发功能的电控单元内部结构

(2) CAN 控制器

CAN 控制器由一块可编程芯片上的逻辑电路组成，实现通信模型中物理层和数据链路层的功能，并对外提供与电控单元的物理接口。通过对 CAN 控制器编程，可设置其工作方式，控制其工作状态，进行数据发送和接收，以它为基础建立应用层。

目前，CAN 控制器可分为 CAN 独立控制器和 CAN 集成电控单元两种。CAN 独立控制器使用灵活，可与多种类型的单片机、微型计算机的各类标准总线进行接口组合。CAN 集成电控单元在许多特定情况下，使电路设计简化和紧凑，可靠性提高。

(3) CAN 收发器

CAN 收发器提供了 CAN 控制器与物理总线之间的接口，是一个发送/接收放大器。其中，发送器将数据传输总线构件连续的比特流（逻辑电平）转换成电压值（线路传输电平），以适合铜导线上的数据传输；接收器将电压信号转换成连续的比特流，以适合 CPU 处理。收发器通过 TX 线（发送导线）或 RX 线（接收导线——与数据传输总线构件相连，如图 5-15 所示。RX 线通过一个放大器直接与数据传输总线相连。

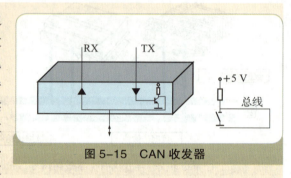

图 5-15 CAN 收发器

收发器是 TX 线与总线的耦合，耦合过程通过一个断路式集流电路实现，总线出现两种工作状态，如表 5-7 所示。

表 5-7 CAN 总线工作状态

状态	晶体管	是否有源	电阻状态	总线电平
1	截止状态（开关未接合）	无源	高	1
0	接通状态（开关接合）	有源	低	0

假设有 3 个收发器耦合在一根总线导线上，如图 5-16 所示，开关未接合表示 1（无源）；开关已接合表示 0（有源），则收发器 C 有源，收发器 A 和 B 无源。其工作过程如下：

（1）若某开关已接合，则电阻上有电流流过，总线电压为 0。

（2）若所有开关均未接合，则没有电流流过，电阻上没有电压降，总线电压为 5 V。

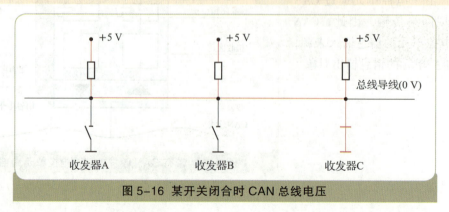

图 5-16 某开关闭合时 CAN 总线电压

上述 3 个收发器连接在 CAN 总线上的工作状态如表 5-8 所示。

表 5-8　3 个收发器连接在 CAN 总线上的工作状态

收发器 A	收发器 B	收发器 C	总线电压
1	1	1	1（5 V）
1	1	0	0（0 V）
1	0	1	0（0 V）
1	0	0	0（0 V）
0	1	1	0（0 V）
0	1	0	0（0 V）
0	0	1	0（0 V）
0	0	0	0（0 V）

我们将无源的总线电平称为隐性，有源的总线电平称为显性。"显性"代表"0"，"隐性"代表"1"。

（4）数据传递终端

CAN 总线终端电阻的作用有两方面，一方面提高抗干扰能力，确保总线快速进入隐性状态；另一方面提高信号质量，如图 5-17 所示。

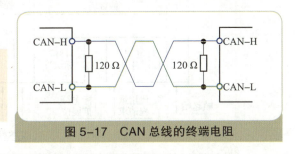

图 5-17　CAN 总线的终端电阻

（5）CAN 总线缠绕方式

数据没有指定接收器，数据通过数据总线发送给各电控单元，各电控单元接收后进行计算。为了防止外界电磁波干扰和向外辐射，CAN 总线采用两条线缠绕在一起的方式，两条线上的电位相反，若一条线的电压为 5 V，则另一条线的电压为 0 V，两条线的电压总和等于常值，如图 5-18 所示。通过此办法，CAN 总线免受外界电磁场干扰，同时 CAN 总线的向外辐射也保持中性，即无辐射。

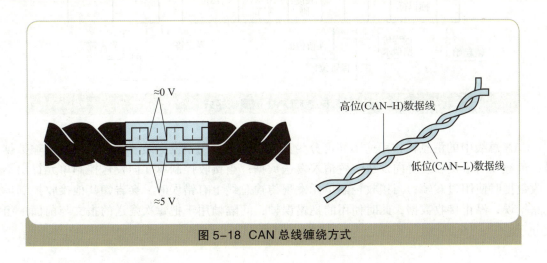

图 5-18　CAN 总线缠绕方式

2.CAN 总线传输基本原理

（1）数据帧

数据串行通信过程中，我们将按照固定格式分组的数据包统称为消息帧，它是最小的传输单位。每一个消息帧不仅携带着数据，还携带着目标地址、源地址、同步信息等一系列保障传输准确安全的信息。CAN 总线的消息帧分为标准帧和扩展帧，分别用于 CAN2.0A 网络和 CAN2.0B 网络，其格式如图 5-19 和图 5-20 所示。

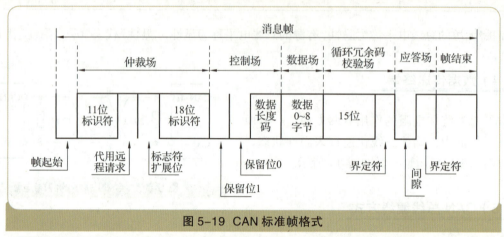

图 5-19 CAN 标准帧格式

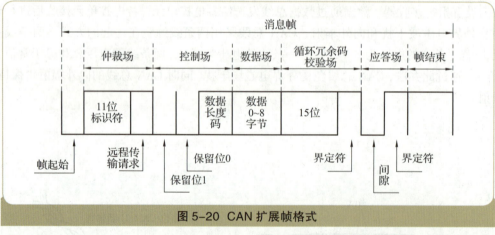

图 5-20 CAN 扩展帧格式

CAN 总线中的消息帧按用途不同可分为五种：数据帧用于发送装置向接收装置传输数据信号；远程帧用于接收装置向发送装置请求发送数据；当接收控制单元向发送控制单元提出不能接收数据时使用过载帧；当接收控制单元发现传输总线上有错误时，会告知其他接收控制单元线路错误，停止接收数据，此时使用的是错误帧；间隔帧用于把每次发送的报文与前面一组报文分开。

2）数据传输

以发动机电子控制系统为例，发动机电子控制系统的曲轴位置传感器检测到转速信号，该信号以固定的周期（循环往复地）到达电控单元的输入存储器（送到发动机）。由于瞬时转速信号还用于其他电控单元，如组合仪表等，所以该信号应通过 CAN 总线传递。于是转速信号被复制到发动机电控单元的发送存储器内，然后从发送存储器进入 CAN 构件的发送邮箱内。若发送邮箱内有一个实时值，则该值由发送特征位（举起的小旗）显示出来，将发送任务委托给 CAN 构件。

当发送邮箱内有一个实时值时，表明发动机准备向外发送信息，CAN 构件通过 RX 线检查总线是否有源（是否正在交换其他信息），必要时会等待，直至总线空闲为止。某一时间段内的总线电平一直为 1（无源），表示总线空闲，如图 5-21 所示。

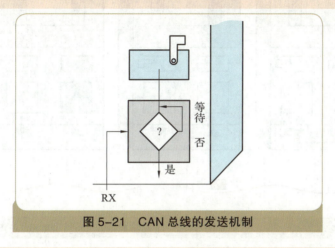

图 5-21　CAN 总线的发送机制

若总线空闲，则预先存在发送存储器中的"发动机转速信息"被发送出去，如图 5-22 所示。

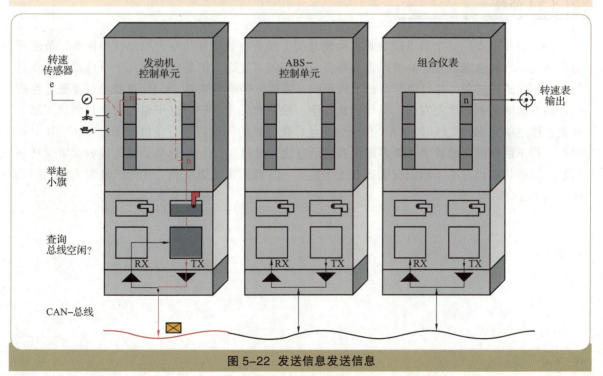

图 5-22　发送信息发送信息

接收过程分两步：第一步，检查信息是否正确（在监控层）；第二步，检查信息是否可用（在接收层），如图 5-23 所示。

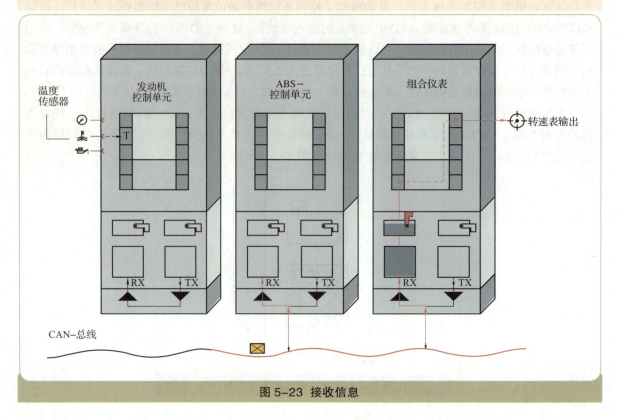

图 5-23 接收信息

（3）仲裁

CAN 总线上面的某个节点随时都在检测总线上是否有数据在传输，当总线空闲时，节点开始发送信息，其他想要发送的节点需要等待总线空闲再发送。但是假设有几个节点都检测到总线上数据帧的帧结束，并且都等待过了间隔帧，需要发送消息帧时，CAN 总线通过非破坏性按位仲裁的规则来判断谁先发送。具体措施如下：控制单元发送的信息中包含着信息的优先级，在多个控制单元同时发送时，CAN 总线会对包含优先级的标识符进行按位顺序比对，在比对过程中，位于信息前部的数字 0 越多则说明该信息优先级越高，CAN 总线会优先接收或者发送该信息。即谁的标识符小（标识符前部 0 的个数多），谁的优先级就高，优先级高者先发送，具体如图 5-24 所示。

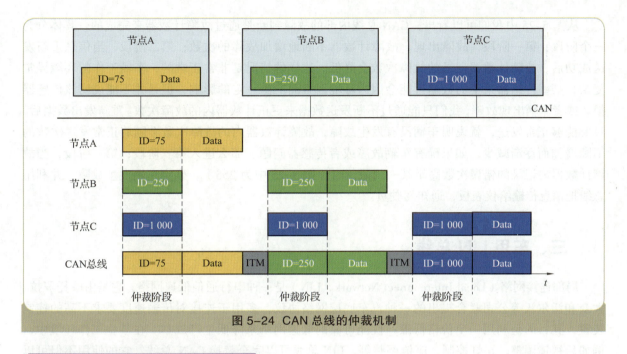

图 5-24 CAN 总线的仲裁机制

3.CAN 总线内部故障管理

CAN 系统具有完备的故障管理功能,在保证数据安全性的同时,还能识别可能的信息传递故障。由于广播的特点,任何网络中的控制单元发现一个传递故障,其他所有的控制单元都会收到错误帧并拒收当前信息。由于不断识别出故障,故障计数器开始累计故障次数,在重新发送成功后再递减计数。当计数器数值超过门限值时,CAN 总线会通知故障控制单元并将其关闭。当总线两次出现关闭状态后,故障存储器就会记录一条故障信息,如图 5-25 所示。经过一段固定的等待时间后,控制单元会自动再接到总线上并重新发送信息。为保证时效性,一般按规定的循环时间进行信息传递。若出现多条信息未收到的情况,就会启动时间监控功能,控制单元故障存储器也记录一个故障,由此会产生故障信息。

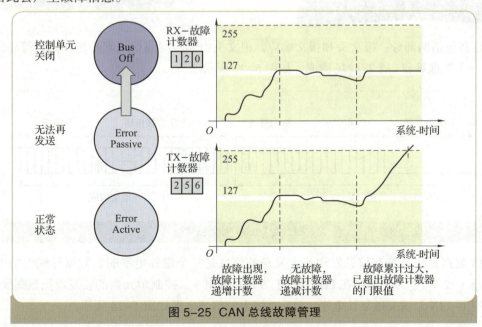

图 5-25 CAN 总线故障管理

从图 5-25 中我们可以看出，CAN 总线内部的故障判断是通过故障计数器来完成的，具体分为三个阶段：第一阶段，故障出现，故障计数器不断地增加故障的次数；第二阶段，当信息重新发送成功后，故障计数器记录的故障次数会降低。这样的情况是非常正常的，车辆工作的环境异常复杂，某些传感器采集的数据可能会因为环境因素而产生一定的影响，但是并不能说明该传感器损坏或者车辆出现故障，我们只能通过不断发送数据来更正计数器内的故障次数。重新发出数据后，只要能够正常发送，就说明车辆没有发生故障，故障计数器内的故障次数会随着正常发送次数的不断增加而逐渐减少。如果确有车辆故障或者传感器问题，那么进入第三阶段；第三阶段，当故障计数器内记录的错误次数高于某一门限值时（图 5-25 中为 255），确定车辆发生故障，并利用总线把信息传输给仪表板，通知驾驶员。

三、车用 LIN 总线

局部连接网络（Local Interconnect Network，LIN）是一种串行通信低速网络，它是由摩托罗拉、大众和沃尔沃等公司联合提出的一种汽车底层网络协议，多用于连接对传输速度要求不高的控制装置，其目的是利用一个价格低廉、性能可靠的低速网络来降低生产成本。在某些工作环境中，例如后视镜调整、车灯控制、座椅调整等，LIN 总线可以完全替换 CAN 总线。它的使用不但可以降低成本，而且可以保证传输线路的畅通。

1.LIN 总线系统组成

LIN 总线系统主要由主控制单元、从控制单元和传输介质构成，具体如图 5-26 所示。在系统中存在一个主控制单元和多个从控制单元，主控制单元通过传输介质把信息发送给从控制单元。

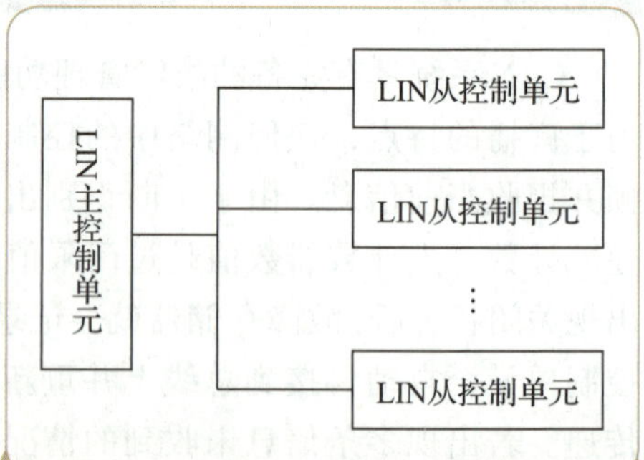

图 5-26 LIN 总线构成

2.LIN 总线传输基本原理

LIN 信息包括两部分：报文头和报文响应。报文头由同步间隔场、同步场和标识符场组成。报文响应由一个数据场和一个校验场构成，如图 5-27 所示。

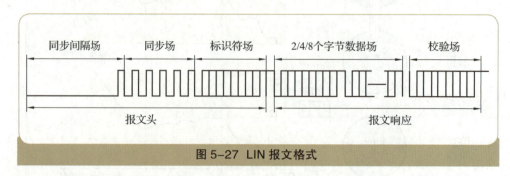

图 5-27 LIN 报文格式

当 LIN 数据总线上没有信息发送或者发送的信息是一个隐性电平时，数据导线上的电压就是蓄电池电压（12 V）。为了能够在 LIN 总线上发送显性电平，控制单元内的收发器把数据线路接地，这样能够使得 LIN 总线发送显性电平。LIN 总线上的信号电平如图 5-28 所示。

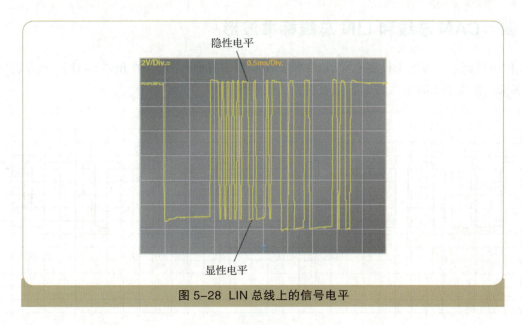

图 5-28 LIN 总线上的信号电平

LIN 总线在收发信息时，为了能够保证数据传输的稳定性，通过预先设定的公差值来计算发送数据的电压，发送信号电压必须满足隐性电压高于电源电压的 80%，显性电压小于电源电压的 20%。但是实际为了能够有效地抗干扰，正常接收数据，接收的允许电压值范围要宽一些，隐性电压高于蓄电池电压的 60%，显性电压小于电源电压的 40%，具体电压范围如图 5-29 所示。

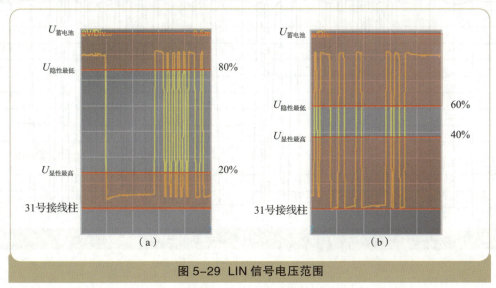

图 5-29 LIN 信号电压范围
（a）发送信号电压；（b）接收信号电压

3.LIN 的自诊断

当 LIN 从控制单元数据传递有故障、校验出错或者传递的信息不完整时，通过 LIN 从控制单元的自诊断功能，会将故障记录。从控制单元将故障诊断数据发送至主控制单元，在 LIN 主控制单元上最终完成自我诊断。

四、CAN 总线和 LIN 总线标准波形

我们可以利用示波器来检测 CAN 总线和 LIN 总线的波形，图 5-30 和图 5-31 所示为某一车型的 CAN 总线波形和 LIN 总线波形，具有很强的代表性。

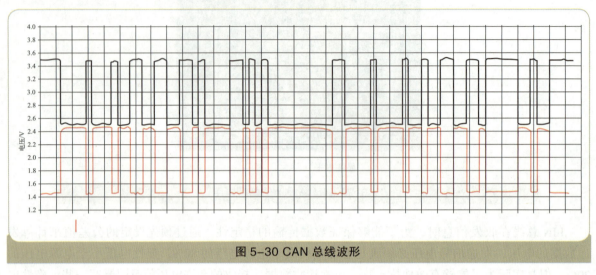

图 5-30 CAN 总线波形

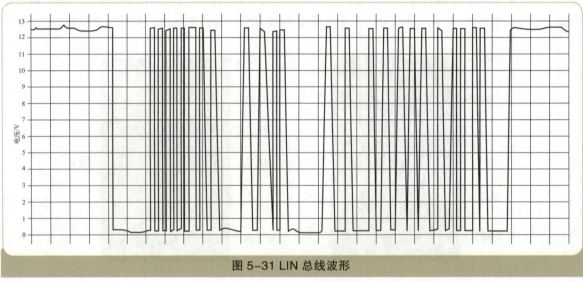

图 5-31 LIN 总线波形

任务三　CAN 网络信号的测量

一、高速 CAN 与低速 CAN

1.CAN 总线的分类

常用的 CAN 总线分为单线 CAN、低速 CAN 和高速 CAN。高速 CAN（通信速度最高为 1 Mb/s）可以使用低速 CAN 的波特率（通信速度最高为 125 kb/s），但低速 CAN 使用高速 CAN 的波特率就会出现问题，这个问题是由收发器引起的，因为在电平转换效率方面，低速 CAN 的收发器明显比高速 CAN 的收发器低。它们的位传输时序、位仲裁、错误、校验、帧结构等（即所谓的数据链路层）是没有区别的。

在物理层面上，单线 CAN 与低速 CAN 和高速 CAN 线的区别是单线 CAN 只有一条导线，而低速 CAN 和高速 CAN 通过双绞线传输。低速 CAN 和高速 CAN 的区别如表 5-9 所示。

表 5-9　低速 CAN 和高速 CAN 的区别

物理层	高速 CAN 总线	低速 CAN 总线
通信速度	最高 1 Mb/s	最高 125 kb/s
总线最大长度	40 m/1 Mb/s	1 km/125 kb/s
连接单元数	最大 30	最大 20
终端电阻	120 Ω	2.20 kΩ
汽车应用场景	发动机、变速箱等实时性、数据传输速度要求高的场合	车身控制系统等对可靠性要求高的场合
可靠性	CAN-H 或 CAN-L 任意一根导线折断，高速 CAN 节点不能收发，低速 CAN 节点可以接收	CAN-H 或 CAN-L 任意一根导线折断，低速 CAN 节点可以接收。可靠性优于高速 CAN

通过以上讲解，我们发现三种 CAN 线最重要的区别在于电平逻辑。这个区别可以从以下几种情况来说明：空闲时、有效时、睡眠时、唤醒时。这里假设收发器的电源为标准的 5 V 和 12 V。

（1）空闲时（即通常说的隐性位）的电平逻辑如图 5-32 所示。

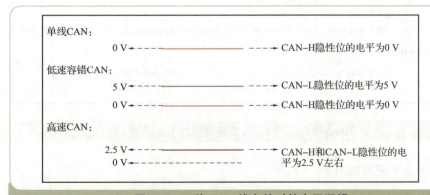

图 5-32　三种 CAN 线有效时的电平逻辑

（2）有效时（即通常说的显性位）的电平逻辑如图 5-33 所示。

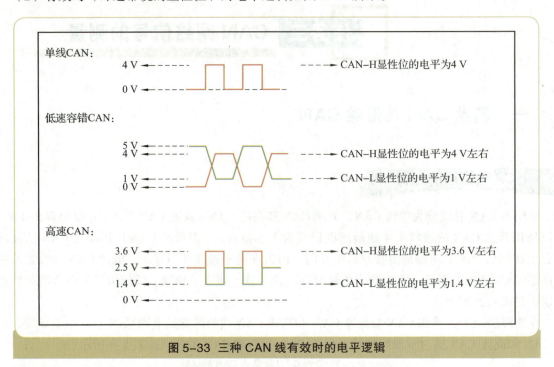

图 5-33　三种 CAN 线有效时的电平逻辑

（3）睡眠时的电平逻辑如图 5-34 所示。

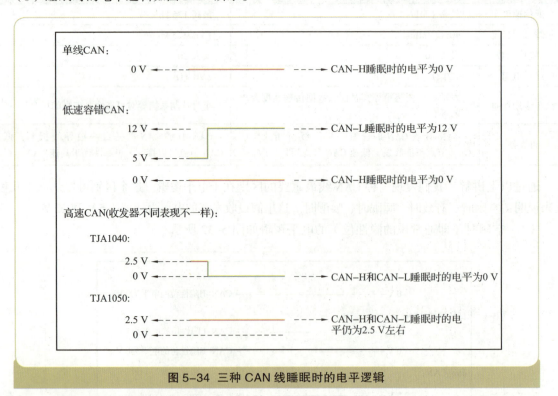

图 5-34　三种 CAN 线睡眠时的电平逻辑

（4）唤醒时的电平逻辑如图 5-35 所示。

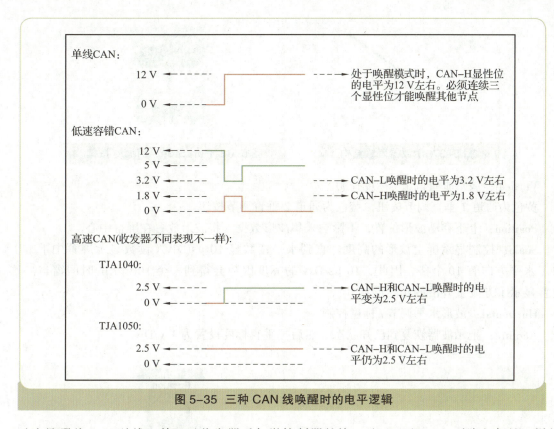

图 5-35 三种 CAN 线唤醒时的电平逻辑

无论是哪种 CAN 总线，其经过收发器后与微控制器的接口（TXD 和 RXD 引脚）都是一样的，这时的电平逻辑也会变得一致。

2.CAN 总线的测量

（1）示波器介绍

在汽车的 CAN 信号测量中，我们一般使用的电子仪器为万用表和示波器，下面我们介绍通用性数字示波器的关键按键。典型示波器如图 5-36 所示，示波器表笔结构如图 5-37 所示，具体按键功能如图 5-38~图 5-41 所示。

探头：探头有不同的衰减系数，它影响信号的垂直刻度，使用前，需要在箭头位置进行选取，开关设置为 1X 和 10X。

Run/Stop：打开和关闭示波器。

Single：采集单个波形，然后停止。

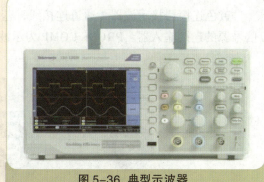

图 5-36 典型示波器

Autoset：自动设置示波器控制状态，以产生适合于输出信号的显示图形，按住超过 1.5 s 时，会显示"自动量程"菜单，并激活或者禁止自动量程功能。

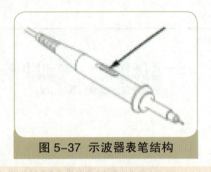

图 5-37 示波器表笔结构

图 5-38 Run/Stop、Single 按键

Vertical：波形垂直调节/标度控制。
黄色为通道 1 垂直调节按钮，蓝色为通道 2 垂直调节按钮。
Position：上下移动波形位置，不影响采集波形数据。将波形放置在屏幕中心。
Scale：控制显示屏上波形的高度。直到水平读数显 10 μs/Div（读数显示屏幕中下方）。由于水平方向有 10 个格，因此，10 μs/Div 的标度因数会得到一个 100 μs 的时间窗口。这一设置显示了方波上升沿的实际形状。
Horizontal：波形水平调节/标度控制。
Acquire：把示波器恢复到已知状态，然后把垂直标度设置为 1 V/Div。

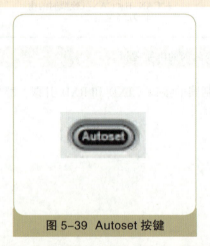

图 5-39 Autoset 按键

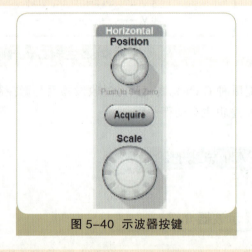

图 5-40 示波器按键

黄色连接器接示波器 1 通道连接线，蓝色连接器接示波器 2 通道连接线。Ext Trig 外部触发信号源的连接输入器。PROBE COMP 为示波器校准连接。

图 5-41 示波器按键

（2）一般排故思路

当车辆发生故障时，我们首先想到的就是利用故障诊断仪进行诊断，当出现"通信故障"或者"无通信"时，我们就要把排故的重点放到通信元件及通信线路上。典型通信故障诊断流程如图 5-42 所示。

具体维修 CAN 线步骤如下：

在 BMW 车型上，我们可以通过断开控制器或者断开节点的方式，对 CAN 线路依次测量。断开控制器后我们可以找到插件相应的针脚定义，而对于断开节点的方式，需要查找电路图，图 5-43 中的 X8090*1V、X8090*2V、X8092*1V、X8092*2V 即为节点。宝马节点电路图及实物图如图 5-43 所示。

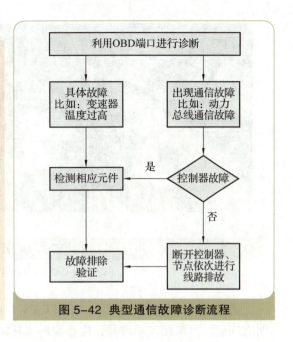

图 5-42 典型通信故障诊断流程

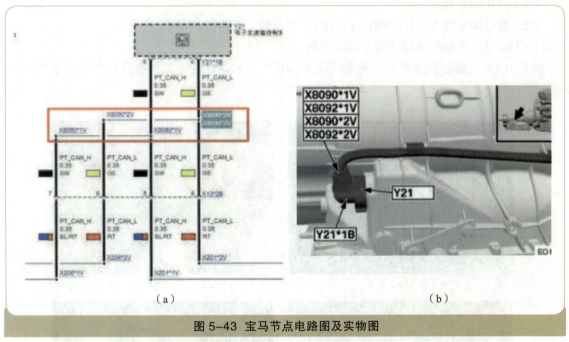

图 5-43 宝马节点电路图及实物图
(a) 电路图；(b) 实物图

找到 CAN-H 和 CAN-L 线后，接入示波器或者万用表检查波形或电压。万用表测量 CAN 线如图 5-44 所示。

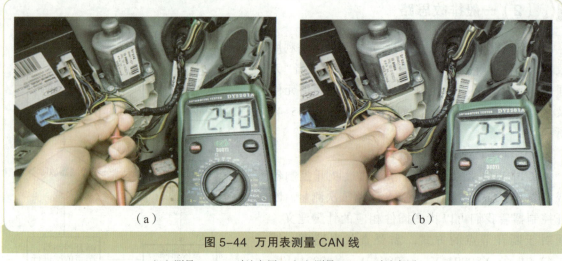

图 5-44 万用表测量 CAN 线

（a）测量 CAN-H 对地电压；（b）测量 CAN-L 对地电压

通过测量，我们发现 CAN-H 和 CAN-L 电压相加约等于 5 V，如果检测不是此结果，则说明有问题。再次接入示波器，检查波形，具体接入示波器的方法如下：

（1）打开示波器。

（2）两根探头接入 CAN 网络，按 AUTO 键调整，观察波形。

（3）通过波形找到故障线路及故障类型。

通常 CAN 线路故障为短路、断路和 CAN-H 与 CAN-L 连接。典型故障实物图如图 5-45 所示。

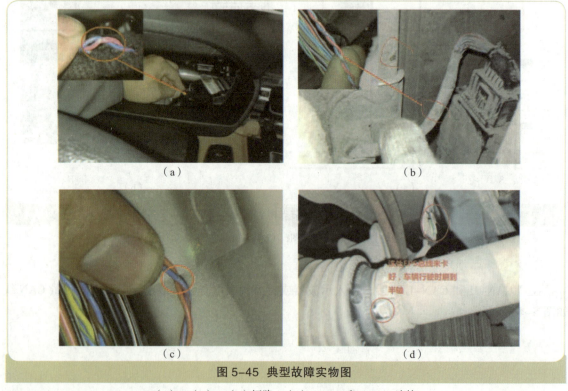

图 5-45 典型故障实物图

（a）、（b）、（c）短路；（d）CAN-H 和 CAN-L 连接

二、高速 CAN 典型故障波形

在汽车的 CAN 数据通信中，动力 CAN 线的数据属于高速 CAN 通信，下面以动力 CAN 线为例来讲解高速 CAN 典型故障波形，对于信号的"翻译"，我们需要利用相应的专业软件，这里不做介绍。

1. 汽车动力 CAN 线

（1）动力 CAN 线测量时示波器设置

测量动力 CAN 线时示波器界面如 5-46 所示。

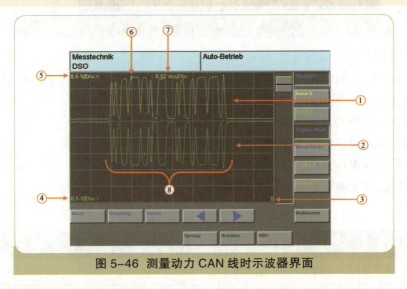

图 5-46 测量动力 CAN 线时示波器界面

图 5-46 说明如下：

①通道 A 测量 CAN-H。
②通道 B 测量 CAN-L。
③通道 A 和通道 B 的零线坐标置于等高（黄色的零标记被绿色的零标记所遮盖）。
④通道 B 的电压/单位的设定。在 0.5 V/单位值的设定下，这便于电压值的读取。
⑤通道 A 的电压/单位的设定。在 0.5 V/单位值的设定下，这便于电压值的读取。
⑥触发点的设定，它位于被测定信号的范围内。测量 CAN-H 信号时，触发点位于 2.5~3.5 V，测量 CAN-L 信号时，触发点位于 1.5~2.5 V。
⑦时间单位值毫秒/单位的设定。时间单位值为 0.02 ms/单位。
⑧显示为一条通信信息。

（1）动力 CAN 线的电压值

CAN-Bus 的信息传送通过两个逻辑状态 0（显性）和 1（隐性）来实现。每一个逻辑状态都有相应的电压值。控制单元应用其电压差值获得数据，具体电压计算方法如图 5-47 所示。

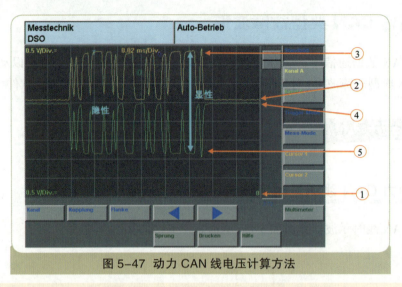

图 5-47 动力 CAN 线电压计算方法

图 5-47 说明如下：
① 通道 A 和通道 B 的零线。通道 B 的绿色零标记遮盖了通道 A 的黄色零标记。
② CAN-H 的隐性电压大约为 2.6 V（逻辑值 1）。
③ CAN-H 的显性电压大约为 3.8 V（逻辑值 0）。
④ CAN-L 的隐性电压大约为 2.4 V（逻辑值 1）。
⑤ CAN-L 的显性电压大约为 1.2 V（逻辑值 0）。
动力 CAN 线的电压如表 5-10 所示。

表 5-10 动力 CAN 线的电压

电压	CAN-H 对地	CAN-L 对地	电压差
显性	3.8 V (3.5 V)	1.2 V (1.5 V)	2.6 V (2 V)
隐性	2.6 V (2.5 V)	2.4 V (2.5 V)	0.2 V (0 V)

我们利用两条线的电压差确认数据。当 CAN-H 的电压值上升时，相应 CAN-L 的电压值下降。如图 5-47 所示，CAN-Bus 只能有两种工作状态。在隐性电压时，两个电压值很接近；在显性电压时，两个电压差值约为 2.5 V。电压值大约有 100 mV 的小波动。

2. 动力 CAN 线的典型故障波形

（1）CAN-H 与 CAN-L 短路

波形特点：电压置于隐性电压值（大约为 2.5 V）。动力 CAN-H 与 CAN-L 短路波形及故障点位置如图 5-48 所示。

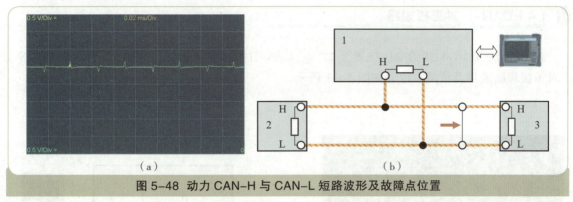

图 5-48 动力 CAN-H 与 CAN-L 短路波形及故障点位置

（a）短路波形；（b）故障点位置

（2）CAN-H 对正极短路

波形特点：CAN-H 线的电压被置于 12 V，CAN-L 线的电压被置于大约 12 V。动力 CAN-H 对正极短路波形及故障点位置如图 5-49 所示。

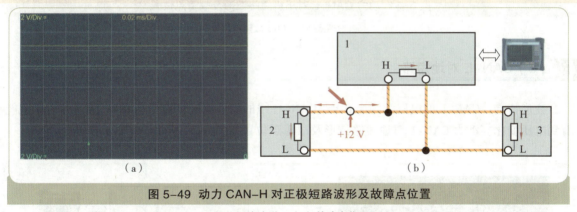

图 5-49 动力 CAN-H 对正极短路波形及故障点位置

（a）短路波形；（b）故障点位置

（3）CAN-H 对地短路

波形特点：CAN-H 的电压大约为 0 V，CAN-L 的电压大约为 0 V。但是在 CAN-L 线上还能够看到一小部分的电压变化。动力 CAN-H 对地短路波形及故障点位置如图 5-50 所示。

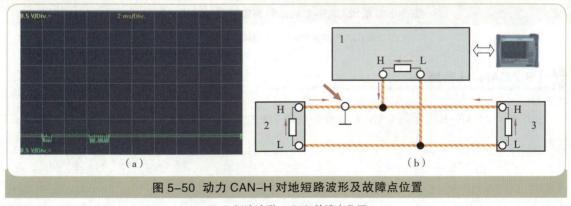

图 5-50 动力 CAN-H 对地短路波形及故障点位置

（a）短路波形；（b）故障点位置

（4）CAN-L 对正极短路

波形特点：CAN-L 线的电压被置于 12 V，CAN-H 线的电压被置于大约 12 V。动力 CAN-L 线对正极短路波形及故障点位置如图 5-51 所示。

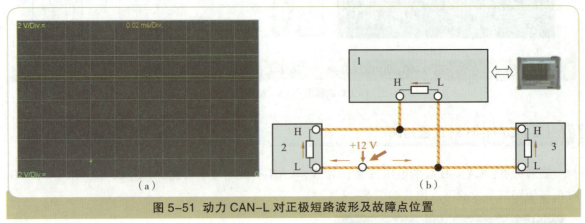

图 5-51 动力 CAN-L 对正极短路波形及故障点位置
（a）短路波形；（b）故障点位置

（5）CAN-L 对地短路

波形特点：CAN-L 的电压大约为 0 V，CAN-H 线的隐性电压也被降至 0 V。在 CAN-H 上能看到电压变化。动力 CAN-L 对地短路波形及故障点位置如图 5-52 所示。

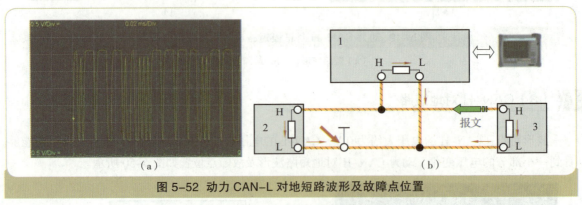

图 5-52 动力 CAN-L 对地短路波形及故障点位置
（a）短路波形；（b）故障点位置

（6）CAN-H 断路

波形特点：CAN-H 波形与 CAN-L 有重叠现象。动力 CAN-H 断路波形及故障点位置如图 5-53 所示。

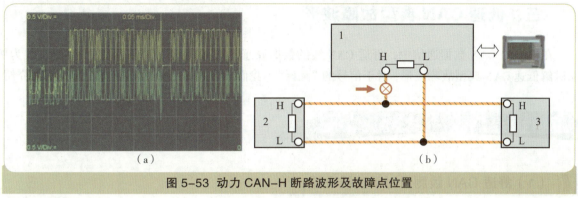

图 5-53 动力 CAN-H 断路波形及故障点位置

（a）断路波形；（b）故障点位置

（7）CAN-L 断路

波形特点：CAN-L 波形与 CAN-H 有重叠现象。动力 CAN-L 断路波形及故障点位置如图 5-54 所示。

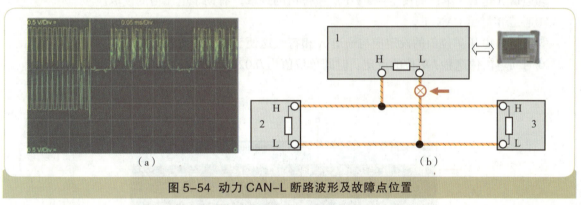

图 5-54 动力 CAN-L 断路波形及故障点位置

（a）断路波形；（b）故障点位置

（8）CAN-H 和 CAN-L 错误连接

波形特点：CAN-H 和 CAN-L 信号反置。动力 CAN-H 与 CAN-L 连接错误波形及故障点位置如图 5-55 所示。

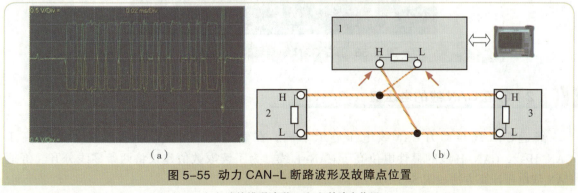

图 5-55 动力 CAN-L 断路波形及故障点位置

（a）连接错误波形；（b）故障点位置

三、低速 CAN 典型故障波形

在汽车的 CAN 数据通信中，舒适 CAN 线的数据属于低速 CAN 通信，下面以舒适 CAN 线为例来讲解低速 CAN 典型故障波形，对于信号的"翻译"，我们需要利用专业的 CAN 卡，这里不做介绍。

1. 汽车舒适 CAN 线

（1）舒适 CAN 线测量时示波器设置

舒适 CAN 线测量时示波器界面如图 5-56 所示。

图 5-56 说明如下：

①通道 A 和通道 B 的零坐标线等高。通道 A 的零标记被通道 B 所掩盖。在读取数值时，可以将零线相互分开。

②通道 A 显示 CAN-H。

③通道 A 电压/单位的设定。2 V/Div 单位值的选取，有助于电压值的读取。

④通道 B 显示 CAN-L。

⑤通道 B 电压单位值的设定应与通道 A 相符，这便于电压的比较分析。

⑥时间单位值毫秒/单位的设定。时间单位值为 0.02 ms/单位。

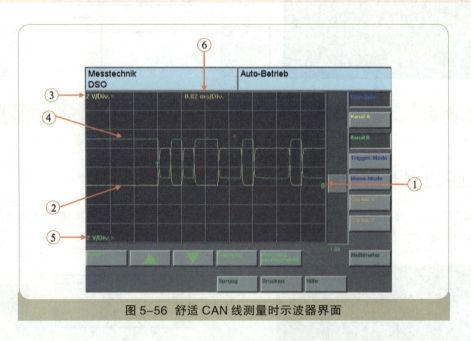

图 5-56 舒适 CAN 线测量时示波器界面

（2）舒适 CAN 线的电压值

舒适 CAN 线与动力 CAN 线电压显示不同。在舒适 CAN 中，CAN-L 线隐性电位高于 CAN-H 线，CAN-H 线的显性电位高于 CAN-L 线。为了读取数值建议将两条零线分开。舒适 CAN 线电压计算方法如图 5-57 所示。

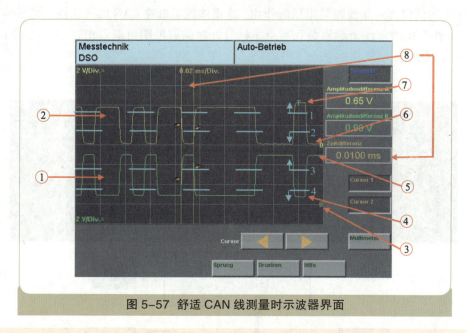

图 5-57 舒适 CAN 线测量时示波器界面

图 5-57 说明如下：
① 通道 B 的 CAN-L 显示。
② 通道 A 的 CAN-H 显示。
③ 通道 B 的零线。
④ CAN-L 的显性电压向下没有达到零线坐标。
⑤ CAN-L 的隐性电压。在总线不工作的状态下，5 V 的隐性电压切换到 0 V。
⑥ 通道 A 的零线坐标和 CAN-H 的隐性电压。
⑦ CAN-H 的显性电压。
⑧ 时间间隔。
舒适 CAN 线的电位如表 5-11 所示。

表 5-11 舒适 CAN 线的电压

电压	CAN-H 对地	CAN-L 对地	电压差
显性	4 V（>3.6 V 蓝色线 1）	1 V（<1.4 V 蓝色线 4）	3 V
隐性	0 V（<1.4 V 蓝色线 2）	5 V（>3.6 V 蓝色线 3）	-5 V

电压必须达到最小的规定区域，屏幕上用蓝线给出界限值，例如 CAN-H 的显性电压至少要达到 3.6 V。如果未达到区域要求范围，控制单元将不能准确地判定电压是逻辑值 0 还是 1，这将导致出现故障存储或者单线工作状态。

2. 舒适 CAN 线的典型故障分析

（1）CAN-H 与 CAN-L 短路

波形特点：CAN-H 和 CAN-L 的电压相同。CAN-H 与 CAN-L 之间短路导致 CAN 线单线工作，这意味着通信仅为一条线路的电压起作用，这里体现了低速 CAN 的可靠性。如图 5-58 所示，从通道 A 和通道 B 的零线坐标重叠和零点坐标分开时的波形图可以看出，CAN-L 线和 CAN-H 线的电压是相同的。

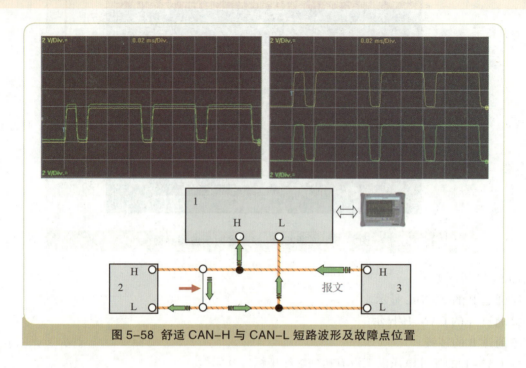

图 5-58 舒适 CAN-H 与 CAN-L 短路波形及故障点位置

（2）CAN-H 对地短路

波形特点：CAN-H 的电压置于 0 V，CAN-L 的电压正常，如图 5-59 所示。在该故障情况下，舒适 CAN 总线变为单线工作。

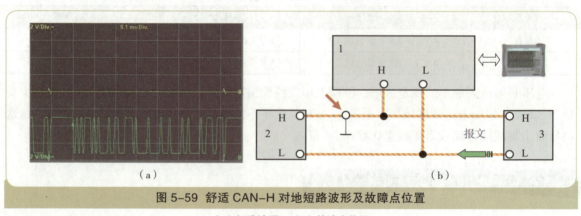

图 5-59 舒适 CAN-H 对地短路波形及故障点位置
（a）短路波形；（b）故障点位置

(3) CAN-H 对正极短路

波形特点：CAN-H 线的电压大约为 12 V 或者蓄电池电压，CAN-L 线的电压正常，如图 5-60 所示。在该故障情况下，舒适 CAN 总线变为单线工作。

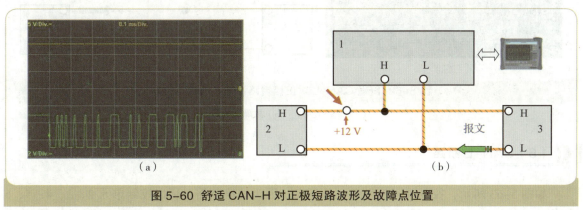

图 5-60 舒适 CAN-H 对正极短路波形及故障点位置

（a）短路波形；（b）故障点位置

(4) CAN-L 对地短路

波形特点：CAN-L 的电压置于 0 V，CAN-H 的电压正常，如图 5-61 所示。在该故障情况下，CAN 总线变为单线工作。

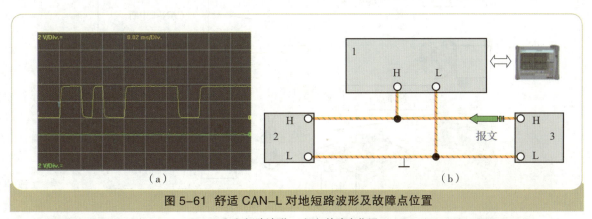

图 5-61 舒适 CAN-L 对地短路波形及故障点位置

（a）短路波形；（b）故障点位置

(5) CAN-L 对正极短路

波形特点：CAN-L 线的电压大约为 12 V 或者蓄电池电压，CAN-H 线的电压正常，如图 6-62 所示。在该故障情况下，CAN 总线变为单线工作。

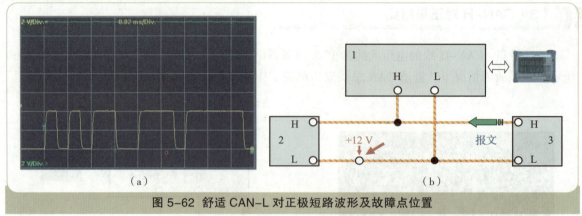

图 5-62 舒适 CAN-L 对正极短路波形及故障点位置

（a）短路波形；（b）故障点位置

（6）CAN-L 断路

如图 5-63 所示，控制单元 1 发送一条信息，因为线路断路，所以控制单元 2、3、4、5、6 仅能够单线接收，通过对控制单元 4 连接测量，示波器显示控制单元 1 的发送为单线工作。控制单元 2、3、4、5、6 对接收给予确认答复，在两个通道上都有显示，这说明这些控制单元之间没有线路断路的情况。

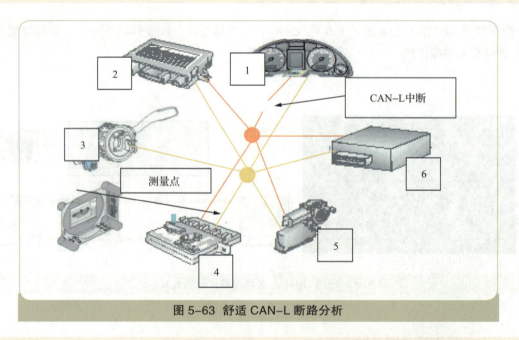

图 5-63 舒适 CAN-L 断路分析

波形特点：CAN-H 线电压正常，如图 5-64 所示。在 CAN-L 线上为 5 V 的隐性电压和一个比特长的 1 V 显性电压。当一个信息内容被正确接收时，则控制单元发送这个显性电压。图 3-3-33（a）所示由很多发送控制单元组成的系统。"A"部分是信息的一部分，该信息被一个控制单元所发送。在"B"时间点接收到正确的信息内容，则接收控制单元用一个显性的电压给予答复。在"B"时间点因为收到正确的信息，所以所有控制单元都同时发送一个显性的电压，该比特的电压差要大一些。舒适 CAN-L 断路波形及故障点位置如图 5-64 所示。

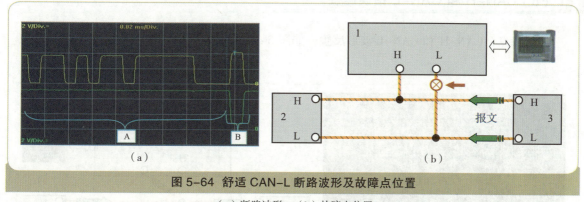

图 5-64 舒适 CAN-L 断路波形及故障点位置

(a)断路波形；(b)故障点位置

下面，我们来分析下面的波形，我们发现信息 1、2、4 在 CAN-H 上被发送，在"A""B"和"D"时间点回复。信息 3 在 CAN-H 和 CAN-L 上双线发送，我们可以判断发送信息 1、2、4 的控制单元处在单线工作模式（断路），信息 3 的控制单元处在双线工作模式。单线工作模式和双线工作模式的波形如图 5-65 所示。

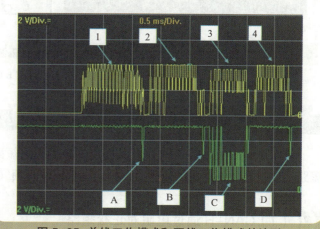

图 5-65 单线工作模式和双线工作模式的波形

（7）CAN-H 断路

波形特点：CAN-L 线电压正常。在 CAN-H 线上为 5 V 的隐性电压和一个比特长的 1 V 显性电压。当一个信息内容被正确接收时，则控制单元发送这个显性电压。舒适 CAN-H 断路波形及故障点位置如图 5-66 所示。

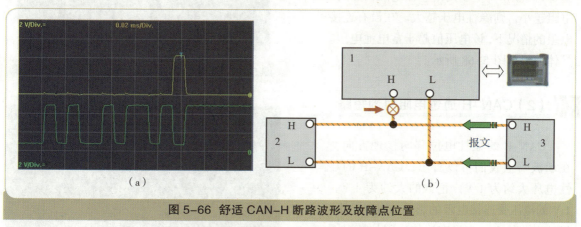

图 5-66 舒适 CAN-H 断路波形及故障点位置

(a)断路波形；(b)故障点位置

（8）CAN-H 和 CAN-L 错误连接

波形特点：CAN-H 和 CAN-L 波形反置，如图 5-67 所示。

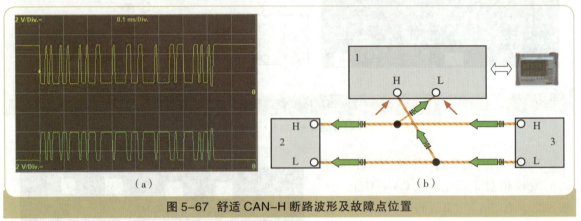

图 5-67 舒适 CAN-H 断路波形及故障点位置
（a）错误连接波形；（b）故障点位置

3. 舒适 CAN 线带电阻短路时的故障波形

前面讲解的短路都是没有电阻连接的直接线路短路。在实际中经常出现由破损的线束导致的短路。破损的线束靠近接地或者正极，经常还带有潮气，将使该处产生连接电阻。

（1）CAN-H 通过电阻对正极短路

波形特点：CAN-H 线的隐性电位拉向高电位。在示波器上我们可以看出，CAN-H 隐性电压大约为 1.8 V，正常大约为 0 V。该 1.8 V 电压是由连接电阻引起的。电阻越小，则隐性电压越大。在没有连接电阻的情况下，该电压值趋于蓄电池电压。具体波形如图 5-68 所示。

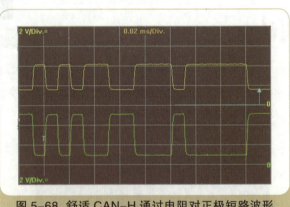

图 5-68 舒适 CAN-H 通过电阻对正极短路波形

（2）CAN-H 通过电阻对地短路

CAN-H 的显性电位移向接地方向。在示波器上我们可以看出，CAN-H 的显性电压大约为 1 V，正常的大约为 4 V。1 V 的电压受连接电阻的影响，电阻越小，显性电压越小。在没有连接电阻的情况下短路，则该电压为 0 V。具体波形如图 5-69 所示。

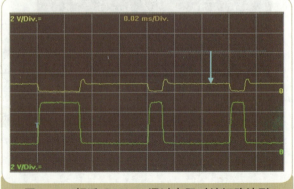

图 5-69 舒适 CAN-H 通过电阻对地短路波形

（3）CAN-L 通过电阻对正极短路

CAN-L 线的隐性电压拉向正极方向。在示波器上我们可以看出，CAN-L 隐性电压大约为 13 V，正常大约为 5 V。该 13 V 电压是由连接电阻引起的。电阻越小，隐性电压越大。在没有连接电阻的情况下，该电压值趋于蓄电池电压。具体波形如图 5-70 所示。

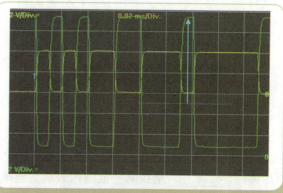

图 5-70 舒适 CAN-L 通过电阻对正极短路波形

（4）CAN-L 通过电阻对地短路

CAN-L 线的隐性电压拉向 0 V 方向。在示波器上我们可以看出，CAN-L 的隐性电压大约为 3 V，正常大约为 5 V。该 3 V 电压是由连接电阻引起的。电阻越小，隐性电压越小。在没有连接电阻的情况下，该电压值趋于 0 V。具体波形如图 5-71 所示。

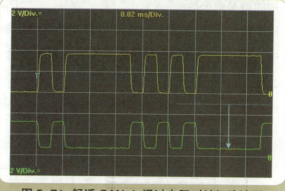

图 5-71 舒适 CAN-L 通过电阻对地短路波形

（4）CAN-H 与 CAN-L 之间通过连接电阻短路

在短路的情况下，CAN-H 与 CAN-L 的波形正常，但是隐性电压相互靠近。CAN-H 的隐性电压大约为 1 V，正常值为 0 V；CAN-L 的电压大约为 4 V，正常值为 5 V。CAN-H 与 CAN-L 的显性电压正常。具体波形如图 5-72 所示。

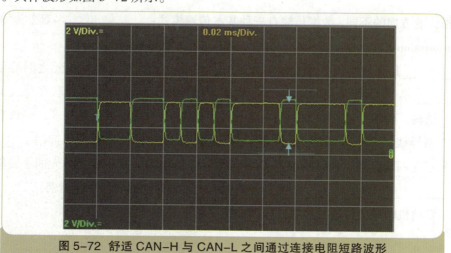

图 5-72 舒适 CAN-H 与 CAN-L 之间通过连接电阻短路波形

思考与练习

填空题

1. 信号分为_____、_____两种不同形式，它们的作用都是在两个实体间进行信息传递。_____是在某一范围内表现为连续的一种信号，其分布于自然界的各个角落，如每天的温度数据。_____是人们抽象出来的、不连续的信号，比如计算机内部的通信，它采用的就是两个数_____与_____，如车内的喷油嘴脉冲信号，只有高电平与_____。由于信号在传递过程中，受到内部与外部的各种干扰，其强度会随着通信距离的不断增大而降低，而_____信号表现得尤为明显。出于安全考虑，车辆在信号选择与应用方面通常会选择_____。

2. 请写出下面两幅图中数据传输分别采用什么方式，优缺点分别是什么？

（a） （b）

_____
_____
_____

3. 根据传输方向的不同，数据传输有三种基本传输模式：_____、半双工传输模式（half duplex transmission）和_____。

4. _____是连接车内各种控制单元的一种传输介质，用于控制单元之间的信息交换。它由_____、_____和_____构成。电控单元通过收发器并联在总线上，构成_____结构。传输介质在原则上用一条导线（CAN-H）就可以满足要求，但该总线系统还配备了第二条导线_____，因此使用了双绞线。双绞线的使用有效地抑制了_____。为了使信号不在两端反射，在终端加入了两个 120 Ω 的电阻。其中电控单元的主要构件有_____、_____和_____，另外还有输入/输出存储器和程序存储器。

5. 画出发动机转速的传输与接收过程，如下图所示。

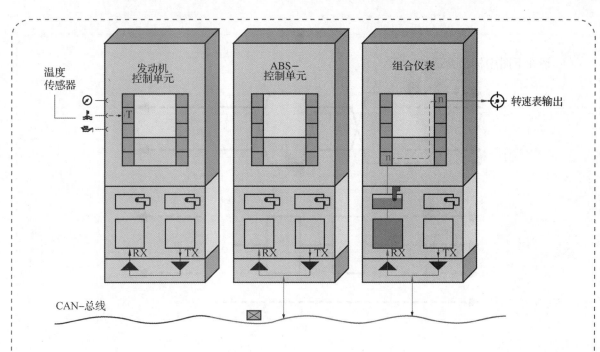

6. 常用的 CAN 总线分为_____、_____和_____。高速 CAN 通信速度最高_____，低速 CAN 的通信速度最高_____，但低速 CAN 使用高速 CAN 的波特率就会出现问题，这个问题是由收发器引起的，因为在电平转换效率方面，低速 CAN 的收发器明显比高速 CAN 的收发器_____。它们的位传输时序、位仲裁、错误、校验、帧结构等（即所谓的数据链路层）是没有区别的。而单线 CAN 与低速 CAN 和高速 CAN 线的物理区别是_____。

7. 完成下表三种总线的性能比较。

总线种类	单线 CAN	低速 CAN	高速 CAN
物理层的比较			
隐性位			
显性位			
睡眠时			
唤醒时			

8. 请在下图中标出合适的电压。

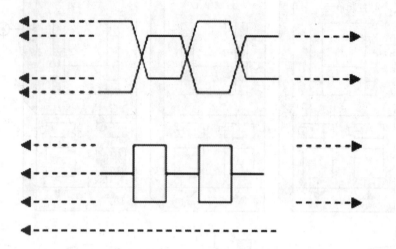

课题六
常见车系电路图识读方法

学习任务

1. 了解常用电路图符号所代表的意思。
2. 掌握电路图的基本特点。

技能要求

1. 掌握电路图识读要领。
2. 掌握电路图符号所代表的意思。

任务一　大众、奥迪汽车电路图的识读

一、大众、奥迪汽车电路图的特点

1. 所有电路都纵向排列，垂直布置

所有电路都纵向排列，垂直布置。就某一条线路而言，从头至尾不超过所在篇幅纵向的3/4，相同系统的电路归纳在一起。基本电路从左至右按电源、起动机、点火系统、组合仪表、照明系统、信号与报警装置电路、刮水和洗涤装置电路、电动后视镜控制电路、中控门锁、空调电路、双音喇叭控制电路的顺序进行编排。

2. 采用断线代号解决电路交叉问题

因有些电器的线路较复杂，所以大众汽车公司采用断线代号法来处理线路复杂交错的问题。例如，某一条线路的上半段在电路号码为10的位置上，下半段在电路号码为25的位置上，在上半段电路的终止处画一个标有25的小方格，即可说明下半段电路就在电路号码为25的位置上，下半段电路开始处也有一小方格，里面标有10，说明上半段电路就应在电路号码为10的位置上，通过10和25，上、下半段电路就连在一起了。使用这种方法以后，读再复杂的电路图也看不到一根横线，线路清晰简洁，大大缩短了读图时间。

3. 全车电路图分为三部分

全车电路图分为：最上面部分、中间部分和最下面部分。最上面部分为中央配电盒电路，其中标明了熔断丝的位置及容量、继电器的位置编号及接线端子号等；中间部分是车上的电气元件及连线；最下面的横线是搭铁线，上面标有电路编号和搭铁点位置。最下面搭铁线的标号实际上是不存在的，它是为了方便标明在一页画不完的连线的另一端在何处而人为编制的。

4. 电源线与继电器

灰色区域内部水平线为接电源正极的导线，有30、15、50、X等。电路中经常通电的线路使用代号30，接地线的代号是31，受控制的大容量用电设备的电源线代号是X，受控制的小容量用电设备的电源线代号是15。

在继电器中，85号接脚用于接地线，86号接脚来自于条件电源（如15号线或X线），30号接脚经常通电，87号接脚用于被控制件。当条件电源通电后，85、86号线导通，产生磁性，吸引30号与87号线路之间的触点闭合，使用电器通电。

5. 在表示线路走向的同时，还表示出了线路结构情况

汽车的整个电气系统以中央配电盒（又称熔断丝－继电器插座板）为中心进行控制，大部分继电器和熔断丝安装在中央配电盒的正面。接插器和插座安装在中央配电盒的背面。在电路和图上标有 4/85、3/30、2/87 和 1/86，其中分子数 4、3、2 和 1 是指中央电气装置第 4 号位置上的插孔，分母数 85、30、87 和 86 是指继电器上的 4 个插脚，分子和分母是相对应的。

二、大众、奥迪汽车电路图符号

1. 大众／奥迪汽车电路符号说明

大众、奥迪汽车电路元件符号说明如表 6-1 所示。

表 6-1 大众、奥迪汽车电路元件符号说明

名称	符号与实物	名称	符号与实物
带电压调节器的交流发电机		热敏开关	
起动机		熔断丝	
继电器		发光二极管	
感应式传感器	凸轮轴位置传感器	电阻	
压力开关		收放机	
电热丝		蓄电池	
电动机		点火线圈	
电磁阀	喷油器　活性炭罐电磁阀	接线插座	

续表

名称	符号与实物	名称	符号与实物
电子控制器	捷达ATK发动机ECU	灯泡	
爆燃传感器		多功能显示器	
显示仪表		数字式时钟	
可变电阻		后窗除霜器	
扬声器		双丝灯泡	
火花塞和火花塞插头		电磁离合器	
插头连接	点火线圈插口	多挡手动开关	
元件上多针插头连接	捷达ATK发动机控制单元插脚	机械开关	
氧传感器		手动开关	
喇叭		按键开关	

2. 大众、奥迪汽车电路接线代码说明

大众、奥迪汽车电路接线代码说明如表 6-2 所示。

表 6-2 大众、奥迪汽车电路接线代码说明

端子	说明	端子	说明
1	点火线圈负极端（转速信号）	85	继电器电磁线圈接地端
4	点火线圈中央高压线输出端	86	继电器电磁线圈供电端
15	点火开关在"ON""ST"时的有电的接线端	87	继电器触点输入端
30	接蓄电池正极的接线端，可用 31a、31b、31c…表示	87a	当继电器线圈没有电流时，继电器触点输出端
31	接地端，接蓄电池负极	87b	当继电器线圈有电流时，继电器触点输出端
49	转向信号输入端	88	继电器触点输入端
49a	转向信号输出端	88a	继电器触点输出端
50	起动机控制端，当点火开关在"START"时有电	B+	交流发电机输出端，接蓄电池正极
53	刮水器电动机接电源正极端	B−	接地，接蓄电池负极
53a–e	其他刮水器电动机接线端	D+	发电机正极输出端
54	制动灯电源端	D	同 D+
56	前照灯变光开关正极端	D−	接地，接蓄电池负极
56a	远光灯接线端	DF/EXC	交流发电机电磁电路的控制端
56b	近光灯接线端	DYN	同 D+
58	停车灯正极端	E/F	同 DF
61	发电机接充电指示灯端	IND	指示灯
67	交流发电机励磁端	+	辅助的正极输出

3. 大众、奥迪汽车电路图识图说明

大众、奥迪汽车电路图识图说明如表 6-3 所示。

表 6-3 大众、奥迪汽车电路图识图说明

代号	接线说明	代号	接线说明
①	接地点，在发动机控制单元旁的车身上	N31	第二缸喷嘴
A2	正极接线，在发动机线束内	N32	第三缸喷嘴
T8a	发动机线束与发动机右线束插头连接，8 针，在发动机中间支架上	N33	第四缸喷嘴
C2	在发动机右线束内	T80	发动机线束，发动机右线束与发动机控制单元插头连接，80 针，在发动机控制单元上
S123	喷嘴、空气流量计、AKF 阀、氧传感器加热元件熔断丝	J220	发动机控制单元
N30	第一缸喷嘴	S5	燃油泵熔断丝

4. 大众、奥迪汽车电路导线颜色标码说明

大众、奥迪汽车电路导线颜色标码说明如表 6-4 所示。

表 6-4 大众、奥迪汽车电路导线颜色标码说明

英文简写	颜色	导线颜色	英文简写	颜色	导线颜色	英文简写	颜色	导线颜色
sw	黑色		gn	黄色		li	紫色	
br	棕色		ge	绿色		gr	灰色	
ro	红色		bl	蓝色		ws	白色	

三、大众、奥迪汽车电路图识读方法

大众、奥迪汽车电路图识读示例如图 6-1 所示。

任务一 大众、奥迪汽车电路图的识读

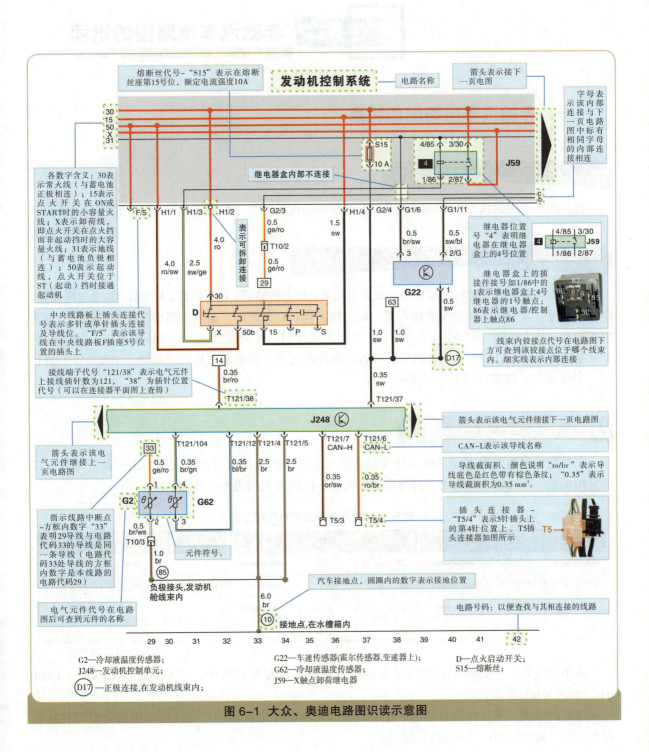

图 6-1 大众、奥迪电路图识读示意图

任务二 奔驰汽车电路图的识读

一、奔驰汽车电路图的特点

1. 横纵坐标式电路图

奔驰汽车采用横纵坐标来确定电器在电路图中的位置,其中数字作横坐标、字母作纵坐标。

2. 电气符号用代码及文字标注

代码前部是字母,表示电器种类,如 A 为仪表,B 为传感器,C 为电容,E 为灯,F 为熔断丝盒,G 为蓄电池、发电机,H 为喇叭扬声器,K 为熔断丝,L 为转速、速度传感器,M 为电动机,N 为电控单元,R 为电阻、火花塞,S 为开关,T 为点火线圈,W 为搭铁点,X 为插接器,Y 为电磁阀,Z 为连接套。代码后部数字代表编号,一般电器代码之下注明电器名称。插接器(字母 X)、搭铁点(字母 W),仅有代码不注明文字。

3. 导线的颜色符号

在早期的奔驰汽车电路图中,导线颜色符号大多采用两位大写的英文缩略语,而近年来,广泛采用的是小写的德文缩略语。奔驰汽车导线颜色代码含义如表 6-5 所示。

表 6-5 奔驰汽车导线颜色代码含义

英文简写	颜色	导线颜色	英文简写	颜色	导线颜色	英文简写	颜色	导线颜色
BK(bk)	黑色		GN(gn)	绿色		WT(wt)	白色	
BR(br)	棕色		BU(bu)	蓝色		PK(pk)	粉红色	
RD(rd)	红色		VI(vi)	紫色				
YL(yl)	黄色		GR(gr)	灰色				

除单色线外,奔驰汽车还采用了双色线及三色线,在电路图中,用 VI/YL、SW/WS、BK/YL RD、BR/GN WS 等形式表示。

导线的标识,不仅仅只有线色,还有线宽。奔驰汽车电路图中,导线的标称截面积写在线色符号之前,如 0.75RD、2.5BD/YL 等。

二、奔驰汽车电路图符号

奔驰汽车电路元件符号及含义如表 6-6 所示。

表 6-6 奔驰汽车电路元件符号及含义

符 号	符号说明	符 号	符号说明
	手动开关	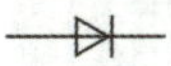	二极管
	手动按键开关		电子器件
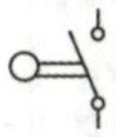	自动开关	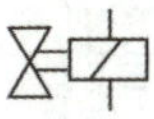	电磁阀
	压簧自动开关		电磁线圈
	压力开关		点火线圈
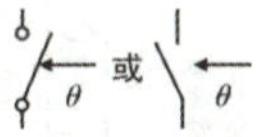	温度开关		火花塞
	常开触点		指示仪表
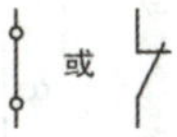	常闭触点		加热器加热电阻
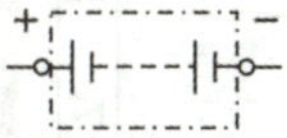	蓄电池		电位计
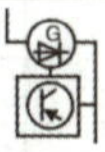	发电机	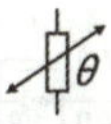	可变电阻
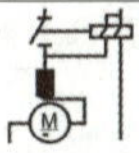	起动机		平插头
	直流电动机		圆插头
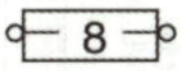	熔断丝		螺钉连接
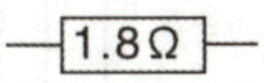	电阻		焊接点
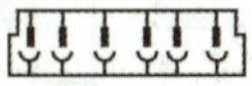	插接板		

三、奔驰汽车电路图识读示例

奔驰汽车电路图识读示例如图 6-2 所示。

课题六 常见车系电路图识读方法

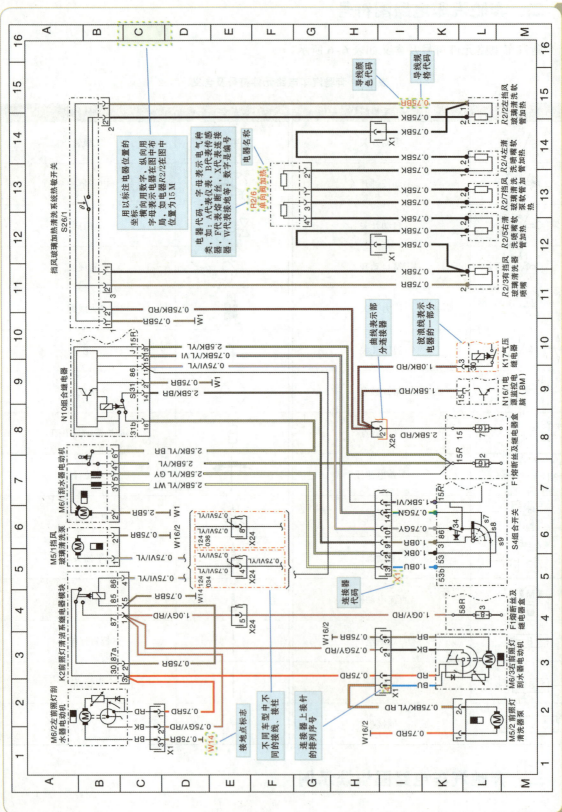

图 6-2 奔驰汽车电路图识读示例

154

任务三 宝马汽车电路图的识读

一、宝马汽车电路图符号

1. 电路元件符号

宝马汽车电路元件使用的符号及含义如表 6-7 所示。

表 6-7 宝马汽车电路图元件使用的符号及含义

符 号	符号说明	符 号	符号说明
	蓄电池		二极管
	表示部件全部		发光二极管
	表示部件的一部分		灯泡
	表示导线连接器用螺丝固定在部件上		爆燃传感器
	表示部件外壳搭铁		电子控制器
	表示导线连接器在部件上		半导体
	多挡开关表示开关沿虚线摆动,而细虚线表示开关之间的联动关系		电动机
	开关		继电器
	电磁阀		带保护电阻的继电器
	线圈	自动变速器|手动变速器 2.5|2.5BK BK YL	括号表示车上可供选择项目在线路上的区分
	熔断丝	.75GN/WS	表示绿色底/白色条导线(2个以上颜色的导线)
	电阻	①.5BR ②4 X270 ③ .5BR	①表示导线; ②表示插接器接头孔代码; ③表示插接器代码
	可变电阻	.5BR | .5BR 3 | 4 X270 .5BR | .5BR	同一插接器标注,用虚线表示"3""4"插脚均属于X270连接插头

2. 导线颜色

宝马汽车导线颜色代码含义如表 6-8 所示。

表 6-8 宝马汽车导线颜色代码含义

英文简写	颜色	导线颜色	英文简写	颜色	导线颜色	英文简写	颜色	导线颜色
BL	蓝色		RD	红色		SW	黑色	
BR	棕色		GR	灰色		VI	紫色	
GE	黄色		OR	橙色		WS	白色	
GN	绿色		RS	粉红色				

二、宝马汽车电路图识读示例

宝马汽车电路图识读示例如图 6-3 所示。

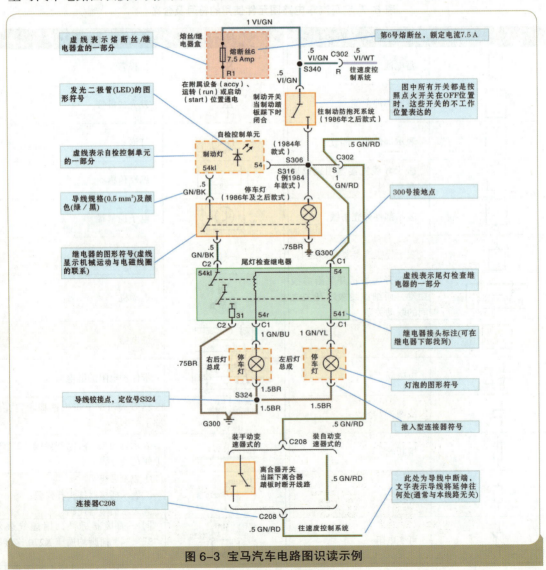

图 6-3 宝马汽车电路图识读示例

任务四 通用汽车电路图的识读

一、通用汽车电路图的特点

1. 电路图分类

通用车系电路图通常分为四类，即电源分配简图（见图 6-4）、熔断丝图（见图 6-5）、系统电路图（见图 6-6）和搭铁电路图（见图 6-7）。

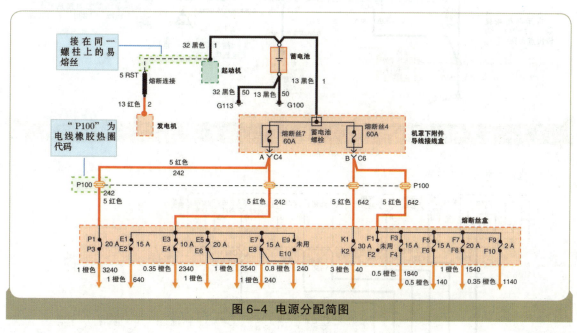

图 6-4 电源分配简图

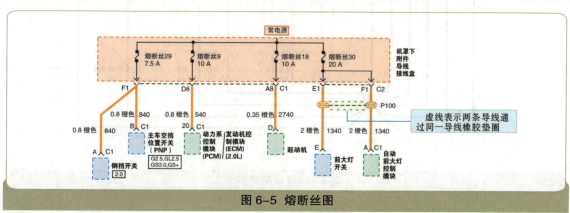

图 6-5 熔断丝图

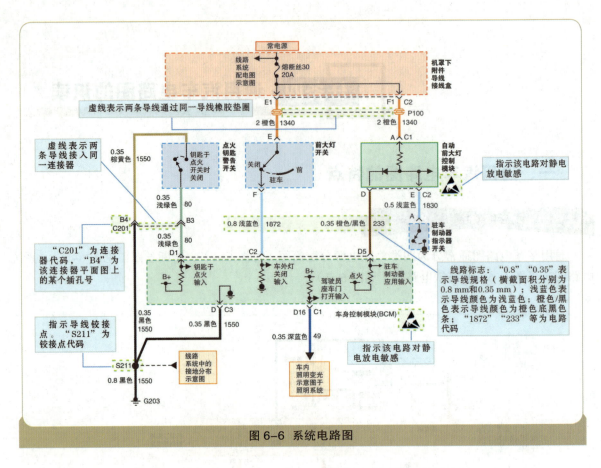

图 6-6 系统电路图

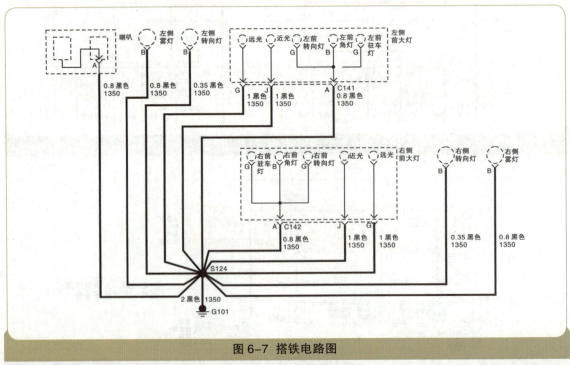

图 6-7 搭铁电路图

2. 电路图标有电源接通说明

系统电路图中电源线从上方进入，通常从熔断丝处开始，并于熔断丝上方用黑线框标注此处与电源之间的通断关系；用电器在中部，接地点在最下方。如果是由电子控制的系统，电路图中除该系统的工作电路外还会包括与该系统工作有关的信号电路（如传感器等）。

3. 电路图中标有电路编号

在电路图中各导线除了标明颜色和横截面面积外，通常还标有该电路的编码，通过电路编码可以知道该电路在汽车上的位置，以方便识图和故障查找。

4. 电路中标有特殊的提示符号

通用汽车电路图中用黑三角内的图案表示电路中需要注意的地方，如表6-9所示。

表6-9 通用汽车电路图特殊提示符号

名称	图标	功用
对静电放电敏感图标	▲	用于提醒技术人员，该系统含有对静电放电敏感的部件，在维修前首先触摸金属接地点，放出身体中的静电，特别是在从车座上滑动后。在维修时，不要触摸或用工具接触裸露的端子；除非诊断程序特别需要，否则不要将部件或接头跨接或搭铁；在打开部件的保护性壳体之前首先将其搭铁；不得将零部件放在金属操作台、电视机、收音机或其他电气设备顶部
安全气囊图标	▲	用于提醒技术人员，该系统含有附加充气式保护装置（SRS）部件，不规范的操作可能引爆安全气囊。检修时要先使安全气囊失效，检修完成后再恢复其功能，并对安全气囊诊断系统进行检查
车载诊断（OBD Ⅱ）图标	▲ OBD Ⅱ	用于提醒技术人员，该电路主要用于OBD Ⅱ排放控制电路的正确操作，当该电路出现故障时，故障指示灯会亮
重要注意事项图标	▲	本图标用于提醒技术人员还有其他附加系统维修的信息

5. 车辆位置用代码进行分区

如图6-8所示，电路图中，所有搭铁、直列式连接器、穿线护环和星形连接器都有与其在车辆上的位置相对应的识别代码，表6-10对代码进行了说明。

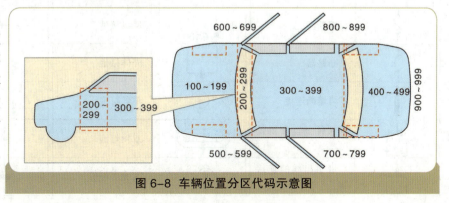

图6-8 车辆位置分区代码示意图

表 6-10 车辆位置分区代码

车辆位置分区代码	区位说明
100～199	发动机舱——仪表板前方的所有区域 备注：001～099 是发动机舱的备用编码，仅在 100～199 的所有编号已用完时才使用
200～299	仪表板区域内
300～399	乘客舱——从仪表板到后轮罩
400～499	行李厢——从后轮罩到车辆后端
500～599	左前门内
600～699	右前门内
700～799	左后门内
800～899	右后门内
900～999	行李厢盖或储物舱盖

二、通用汽车电路图符号

1. 通用汽车电路元件符号说明

通用汽车电路元件符号说明如表 6-11 所示。

表 6-11 通用汽车电路元件符号说明

符号	说明	符号	说明	符号	说明
常电源 钥匙在RUN位置时供电 钥匙在START位置时供电 附件在ACC、RUN位置时供电 钥匙在RUN、START位置或检测时供电 钥匙在RAP（固定式附件电源）位置时供电	电压指示器框。示意图上的这些框格用于指示何时熔断丝上有电压		带螺栓或螺钉连接孔的端子		电容器
		12↑C100	直列线束连接器		蓄电池
(虚线框)	局部部件。当部件采用虚线框表示时，部件或导线均未完全表示	●S100	接头		可变蓄电池
					电阻器
(实线框)	完整部件。当部件采用实线框表示时，所示部件或导线表示完整	P100	贯穿式密封图		可变电阻器
	熔断丝	⏚G100	底盘接地		位置传感器
	断路器		壳体接地		输入/输出电阻器
	可熔断连接		单丝灯泡		输入/输出开关
12↑	部件上连接的连接器		双丝灯泡		二级管
12↑	带引出线的连接器		发光二极管		晶体

160

续表

符号	说明	符号	说明	符号	说明
	加热芯		线圈		开关
	电动机		天线		单极单掷继电器
	电磁阀		屏蔽		单极双掷继电器

2. 通用汽车电路中的导线颜色符号说明

通用汽车电路中的导线颜色符号见表6-12、表6-13所示。

表6-12 通用汽车电路中的导线颜色符号

颜色	车型	通用	荣誉	陆尊	新赛欧	君越	景程
黑	Black	BLK	BK	BLK	SW	BK	BK
棕	Brown	BRN	BN		BR		
棕黄			TN			TN	TN
蓝	Blue	BLU	BU	BLU	BL	BU	BU
深蓝	Dark Blue	DK BLU	D-BU	BLN DK		D-BU	D-BU
浅蓝	light Blue	LT BLU	L-BU	BLN LT		L-BU	L-BU
绿	Green	GRN	GN	GRN	GN	GN	GN
灰	Grey	GRY	GY	GRA	GR	GY	GY
白	White	WHT	WH	WHT	WS	WS	WS
橙	Orange	ORG	OG			OG	OG
红	Red	RED	RD	RED	RT	RD	RD
紫	Violet	VIO	PU	PPL		PU	PU
粉紫							
黄	Yellow	YEL	YE	YEL	GE		
褐	Brown	TAN		TAN		BN	BN
深绿	Dark Green	DK GRN	D-GN	GRN DK		D-GN	D-GN
橘黄							
粉红	Pink	PNK				PK	PK
透明	Clear	CLR					
浅绿	Light Green	LT GRN	L-GN	GRN LT		L-GN	L-GN
紫红	Purple	PPL					

表6-13 双色导线示例表

导线颜色	示意图中的缩写	导线示例	导线颜色	示意图中的缩写	导线示例
带白色标的红色导线	RD/WH		带白色标的深绿色导线	D-GN/WH	
带黑色标的红色导线	RD/BK		带黑色标的浅绿色导线	L-GN/BK	
带白色标的棕色导线	BN/WH		带黄色标的红色导线	RD/YE	
带白色标的黑色导线	BK/WH		带蓝色标的红色导线	RD/BL	
带黄色标的黑色导线	BK/YE		带蓝色和黄色标的红色导线	RD/BL/YE	
带黑色标的深绿色导线	D-GN/BK				

三、通用汽车电路图识读示例

现以上海别克君威轿车自动变速器控制电路为例，说明通用汽车电路图的识读方法，电路如图 6-9 所示，其各部分的含义如下：

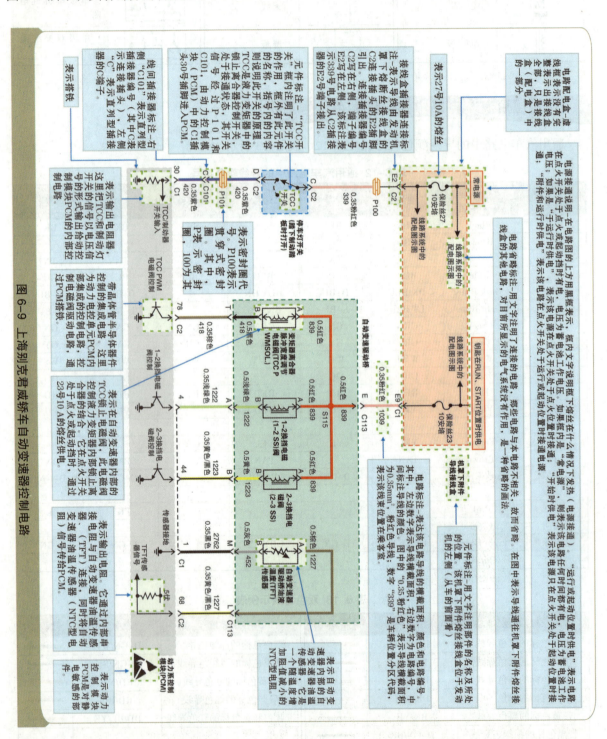

图 6-9 上海别克君威轿车自动变速器控制电路

任务五 丰田汽车电路图的识读

一、丰田汽车电路图的特点

（1）特点一

电路图中的电气元件通常用文字直接标注。

（2）特点二

把整个电路图作为一个总图，各系统电路按横轴方向逐个布置，并在电路图上方标出各系统电路的区域和代表该电路系统的符号及文字说明。

（3）特点三

电路图中绘出了搭铁点，并标注代号与文字说明，可以从电路图了解电路搭铁点，直观明了。

（4）特点四

电路图中，有的还直接标出电路插接器的端子排列和各端子的使用情况，给识图和电路故障查寻提供了方便。

二、丰田汽车电路图符号

丰田汽车电路符号如表6-14所示。

表6-14 丰田汽车电路符号说明表

符号与实物	释义	符号与实物	释义
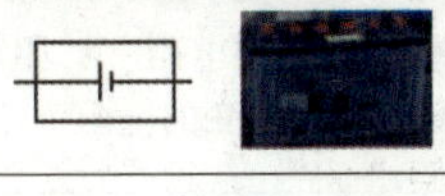	蓄电池：储存化学能且能把化学能转变为电能，给汽车不同的电路提供直流电		灯：电流通过灯丝，引起灯丝变热且发光
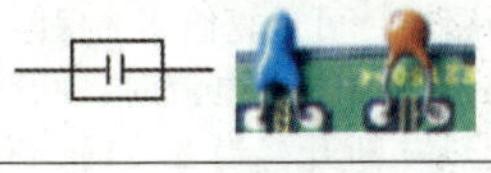	电容器：一个临时储存电压的小存储单元		发光二极管：通过电流此种二极管发光且相对于灯泡不产生热量
	二极管：一个允许电流向一个方向流动的半导体	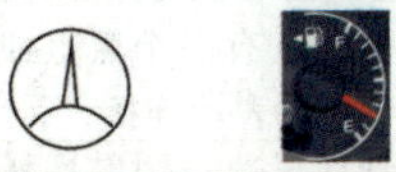	模拟表：电流激活磁性线圈引起指针移动，在刻度上提供一个相应的指示
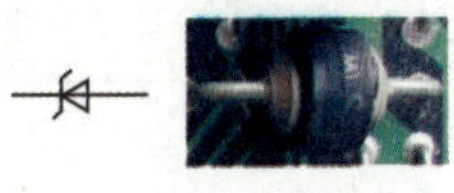	稳压二极管：一个允许电流向一个方向流动且反向阻滞电压有一个规定值，超过这个电压将使超过的电压通过，可以看作一个简单的电压调节器	 1.常闭 2.常开	继电器：通常指一个可常闭（如1所示）或常开（如2所示）的电控操纵开关电流通过一个小线圈产生磁场打开或关闭继电器开关

符号与实物	释义	符号与实物	释义
继电器	继电器，双掷式：从一个接触位置或另一位置使电流通过的继电器	FUEL 数字表	数字表：电流激活一个或多个LED、LCD或者荧光显示器，提供一个相对的或数字的显示
电阻	电阻：带有固定阻值的电气元件，在线路中降低电压得到一个规定值	M 电动机	电动机：把电能转换成机械能，特别是旋转运动的动力单元
单灯丝 / 双灯丝	前照灯：电流通过引起前照灯变热且发光，前照灯有单灯丝或者双灯丝	扬声器	扬声器：电流通过产生声波的电气装置
喇叭	喇叭：发出高的声音信号的电气装置	开关，点火	开关，点火：有几个位置的钥匙控制开关，控制不同的线路，特别是点火初级线路
晶体管	晶体管：根据基极提供的电压来断开或通过电流，被当作是电子继电器的一种典型的固态器件	光敏二极管	光敏二极管：根据光照强度控制电流通过的半导体
接地点	接地点：线束固定在车身上的点，给电路一个回路。没有接地点电流不能流过	分电器	分电器，集成点火总成：将高压电从点火线圈分配到每个火花塞
适用中等电流的保险	熔断丝：当较高的电流通过会烧掉的一个细金属丝，因此会切断电流且保护电路避免危险	短插脚	短插脚：通常在接线盒内提供一个较好的连接
适用于大电流熔断丝或易熔线	易熔丝：一种粗线，放置在高压电流通过的电路中，当过载时烧毁以保护线路，数字表示线的横截面面积	电磁阀	电磁阀：电流通过电磁线圈产生磁场去移动铁芯等
1.常开 2.常闭	开关，手动式：打开或关闭电路，因此电流在常开1时断开，在常闭2时通过	电阻，分接式	电阻，分接式：提供两个或更多不同的固定阻值的电阻
开关，双掷式	开关，双掷式：从一个接触位置或者另一个位置连续流过电流	电阻，可变式	电阻，可变式：阻值可变的可控制电阻，也称作电位计或变阻器
开关，刮水器凸轮	开关，刮水器凸轮：当刮水器开关处于关闭时，自动运转刮水器到停止位置	点火线圈	点火线圈：把低压直流电转变成高压脉冲电流，使火花塞点火
点烟器	点烟器：一个电阻加热元件	传感器（热敏电阻）	传感器（热敏电阻）：阻值随温度变化而改变的电阻
1.未连接 2.铰接	电线：电线在电路图中总是画成直线交叉线。 1.在连接位置没有黑点标记。 2.在交叉点有一个黑点或八角形的交叉线表示连接	断路器	断路器：可重复使用的保险，断路器中通过大电流时，断路器变热并断开；当变冷时，有些会自动恢复，另外一些需要手动恢复
传感器，车速	传感器，车速：用磁场脉冲去打开或关闭开关，产生一个信号去激活其他部件		

三、丰田汽车电路图识读示例

丰田汽车电路图识读示例如图 6-10 所示。电路图中数字是注释符号，其各部分的含义如下：

（1）注释标号"①"

"①"表示系统标题，在电路图上方用刻线划分的区域内，用文字和系统符号表示下方电路系统的名称。

（2）注释标号"②"

"②"表示继电器盒，不使用阴影仅用继电器编号来区别于接线盒，图 6-10 中所示的①表示 1 号继电器盒。

例：图 6-11 所示的 P/W 继电器，椭圆中"2"标识表示接线盒号码，字母"G"表示连接器代码。图 6-12 中 2、9 表示连接器插销号。

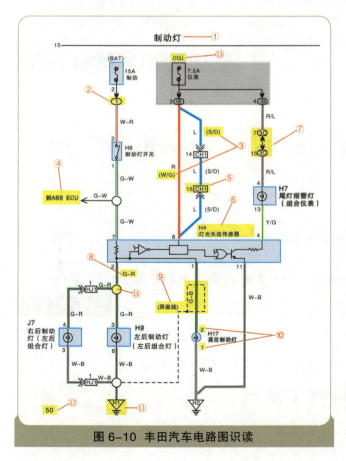

图 6-10 丰田汽车电路图识读

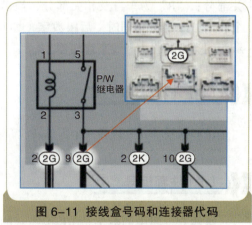

图 6-11 接线盒号码和连接器代码

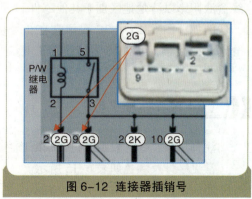

图 6-12 连接器插销号

图6-13中1、2、3、5表示P/W继电器的插销号。

（3）注释标号"③"

当车型发动机型号或规定不一样时，用"（ ）"来表示不同的线和连接器。

（4）注释标号"④"

注释标号"④"表示相关联的系统。

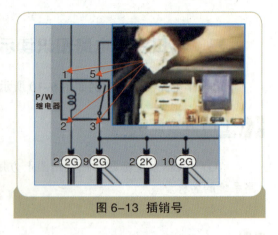

图6-13 插销号

（5）注释标号"⑤"

注释标号"⑤"表示线束和线束连接器（见图6-14），使用公端子的导线束用箭头（ ）来表示，外侧的数字是引脚号码。

导线束和导线束连接器的第一个字母表示这部分的位置，例如"E"为发动机部分；"I"为仪表板及其相关部分；"B"为车身及相关部分，当多个代码的第一个和第二个字母相同时，后跟数字（如CH1、CH2）表示相同类型的线束和线束连接器。

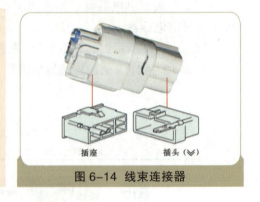

图6-14 线束连接器

（6）注释标号"⑥"

注释标号"⑥"代表一个零件（全部用天蓝色表示）代码，与零件位置使用的代码相同。

（7）注释标号"⑦"

接线盒（圈中的数字是J/B接线盒的代码，旁边是连接器的符号），接线盒涂阴影以清楚地区别于其他零件。

例如：图6-15中3C表示它在3号接线盒；数字7和15表示两条配线分别在插接器7号和15号接线端子上。

图6-15 接线盒

（8）注释标号"⑧"

注释标号"⑧"表示线色，线的颜色用字母符号表示。
常见字母及颜色如表6-15所示。
当用双色线时，第一个字母表示主色，第二个字母表示辅色。

例：图 6-16 中，L 表示蓝色，Y 表示黄色。丰田车上的各种颜色的导线如图 6-17 所示。

表 6-15 丰田汽车线色

代号	线色	色标	代号	线色	色标
B	黑色		BR	棕色	
G	绿色		GR	灰色	
L	蓝色		LG	淡绿色	
O	橙色		P	粉红	
R	红色		V	蓝紫色	
W	白色		Y	黄色	
SB	天蓝色				

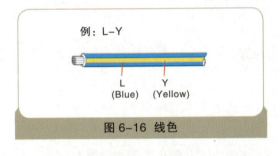

图 6-16 线色

图 6-17 丰田车上的各种颜色的导线

（9）注释标号"⑨"

注释标号"⑨"表示屏蔽线，如图 6-18 所示。

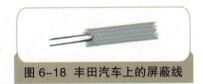

图 6-18 丰田汽车上的屏蔽线

（10）注释标号"⑩"

注释标号"⑩"表示连接器引脚编号，插座和插头编号是不同的，编号顺序如图 6-19 所示。

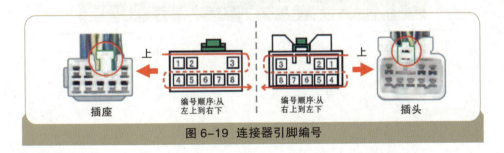

图 6-19 连接器引脚编号

（11）注释标号"⑪"

注释标号"⑪"表示接地点。接地点把线路连接到车体或发动机上（见图 6-20），表示接地点的字符由字母和数字两部分组成，字母表示线束；数字表示有多个接地点同时存在一个线束中时，由数字以示区别。

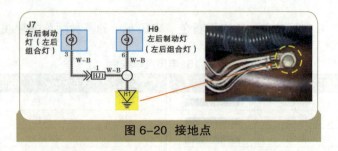

图 6-20 接地点

(12) 注释标号 "l"

注释标号 "l" 表示在原厂电路图中的页码。

(13) 注释标号 "m"

注释标号 "m" 表示熔断丝通电时点火开关的位置。

(14) 注释标号 "n"

注释标号 "n" 表示配线接点，配线接点不通过连接器直接与线路相连，如图 6-21 所示。

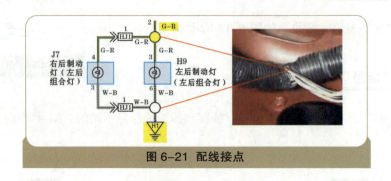

图 6-21 配线接点

思考与练习

一、填空题

1. 大众汽车公司采用_____来处理线路复杂交错的问题。
2. 继电器中 30 代表_____，31 代表_____。
3. 奔驰汽车采用_____来确定电器在电路图中的位置。
4. 通用汽车电路图分为_____、_____、_____、_____四类。

二、判断题

1. 图形符号是一种只能用图形来表示的符号。（   ）
2. 一般符号能从广义上代表各类元器件，还可以用来表示一般的、没有的其他附加信息或功能的各类具体元器件。（   ）
3. 图形符号中的文字、物理量符号等不属于图形符号的组成部分。（   ）

三、选择题

1. 方框符号是既不给出元件、设备的细节，也不考虑其所有（   ）的一种简单的图形符号。
   A. 功能　　　　B. 结构　　　　C. 连接
2. 引出线一般（   ）图形符号的组成部分。
   A. 不作为　　　B. 可作为　　　C. 无规定
3. 基本件是指在正常情况下（   ）再分解的一个或几个零件或元器件。
   A 可以　　　　B. 不能　　　　C. 有时可以
4. 当项目自身无端子而又需要表示该项目的端子时，可自行选定，形式上多采用数字，也可采用（   ）表示。
   A. 大写字母　　　B. 小写字母　　　C. 字母、数字组成

四、问答题

画出闪光继电器的原理图。

参考文献

[1] 贾永峰. 汽车机械基础[M]. 北京：电子工业出版社，2016.
[2] 卢晓春. 汽车机械基础[M]. 北京：机械工业出版社，2017.
[3] 高建平. 汽车机械基础[M]. 北京：机械工业出版社，2015.
[4] 王芳. 汽车机械基础[M]. 北京：机械工业出版社，2017.
[5] 蔡光新. 汽车机械基础[M]. 北京：高等教育出版社，2015.
[6] 金旭星. 汽车机械基础[M]. 北京：人民邮电出版社，2016.
[7] 简玉麟. 汽车机械基础[M]. 北京：机械工业出版社，2017.
[8] 刘林昌. 汽车机械基础[M]. 陕西：西安交通大学出版社，2015.
[9] 李亚杰. 汽车机械基础[M]. 北京：人民邮电出版社，2016.
[10] 黄东. 机械基础[M]. 北京：北京理工大学出版社，2016.
[11] 孙红. 机械基础[M]. 北京：国防工业出版社，2008.
[12] 夏奇兵. 机械基础[M]. 北京：机械工业出版社，2019.
[13] 吴新跃. 机械基础[M]. 北京：国防工业出版社，2016.
[14] 李爱农. 工程材料及应用[M]. 武汉：华中科技大学出版社，2018.
[15] 沈莲. 机械工程材料[M]. 北京：机械工业出版社，2016.
[16] 周超梅. 汽车工程材料[M]. 北京：机械工业出版社，2013.
[17] 封金祥. 机械工程材料[M]. 北京：北京理工大学出版社，2016.